DAS #heimat BACKBUCH

ULF TIETGE · LISA RUDIGER

Schwarzwald

KUCHEN, TORTEN UND PLÄTZLE FÜRS GANZE JAHR

RELOADED 3

team tietge.

EINS VORWEG ...

BACKEN WIR NICHT VIEL ZU SELTEN?!

Kochen ist in Deutschland ja kein Trend mehr. Sondern etwas viel Größeres.

Aus schierer Notwendigkeit ist ein Hobby geworden. Aus dem Hobby eine Leidenschaft und für manche sind Kochen und Ernährung heute fast schon so etwas wie Religion oder Statussymbol. Aber so schön es ist, mit Freunden ein Barbecue im Garten zu genießen oder auch mal gemeinsam zu schnippeln, zu brutzeln und sich auszuprobieren – so, wie wir es in den ersten beiden Büchern Schwarzwald Reloaded gemacht haben. Backen kann noch mehr. Und man sollte sich dafür viel öfter Zeit nehmen! Um das Frühjahr mit einer tollen Rhabarber-Kreation zu begrüßen, den Sommer mit einem Heidelbeer-Kuchen zu feiern oder sich mit Lebkuchen und Gebäck auf Weihnachten einzustimmen. Das funktioniert viel besser als nur Last Christmas dudeln zu lassen ...

Mit Kuchen und Keksen erreicht man Stellen im Körper, da kommen Hände niemals hin. Und damit meinen wir jetzt nicht nur das Ergebnis an sich, sondern auch den Weg dahin! Wenn der Duft eines gedeckten Apfelkuchens langsam durch die Wohnung wabert. Oder man zwischendurch vom Knethaken eine Winzigkeit Teig verkostet und eine Vorahnung davon bekommt, wie lecker die Cupcakes werden dürften ... Dazu der Duft von Gewürzen und frischen Früchten – einfach herrlich!

Im Alltag aber backen wir alle viel zu selten. Sonntags vielleicht? Wenn nichts dazwischenkommt? Oder nur, wenn Gäste kommen? Wie schade!

Mit unserem Schwarzwälder Heimat-Backbuch möchten wir Dich ermutigen, einfach öfter mal den Teiglöffel zu schwingen! Nur Mut! Backen ist viel einfacher und unkomplizierter, als man denkt! Und viele Ideen in diesem Buch sind schnell umgesetzt und mit viel weniger Aufwand verbunden als so manches Kochrezept.

Wir haben bei der Zusammenstellung der Rezepte für das erste Backbuch der Schwarzwald-Reloaded-Reihe darauf geachtet, dass man alle Rezepte daheim auch gut hinkriegen kann – ohne teure Profigeräte oder besonders exotische Zutaten. Stattdessen sind wir auf Schatzsuche vor unserer Haustür gegangen: Wir haben in alten Backbüchern gestöbert, haben Land und Leute auf uns wirken und uns inspirieren lassen. Wir waren auf Wochenmärkten unterwegs, haben Äpfel von der Streuobstwiese geerntet und traditionelle Rezepte neu interpretiert. Entstanden ist so ein Buch, das Dir Freude machen soll. Beim Backen. Beim Essen. Mit Freunden und übers ganze Jahr. Dabei wünschen wir viel Vergnügen und gutes Gelingen!

Lisa Rudiger und Ulf Tietge
Titisee-Neustadt

WAS MER HENN

ZUM EINSTIEG

Dürfen wir Dich einladen? Einfach häufiger zu backen und mehr Liebe in Teig zu verwandeln? Wie schön! Dann herzlich willkommen im Schwarzwälder Heimat-Backbuch!

URLAUB VOR DER HAUSTÜR

Warum eine richtig chillige Gartenparty mit der biederen Kaffeetafel von früher kaum noch etwas gemeinsam hat und wie herrlich es ist, einfach mal einen lazy sunday in den Hügeln über Offenburg zu verbringen ...

KIRSCHTORTE

AUF SPURENSUCHE

Auf der Suche nach den Ursprüngen der Schwarzwälder Kirschtorte, die eigentlich eine Nai'gschmeckte ist

IM TAL DER KIRSCHEN

Das Kirschwasser ist eine Hauptzutat in der Signature-Torte des Schwarzwalds. Und so findet die Kirsche vom Baum bis in die Flasche ...

BESCHWIPSTES

UNSERE REZEPTGEBER

· Seite 62 ·

Wer solche Kuchen und Torten zaubert? Diese Schwarzwälder Konditoren und Bäcker!

UNSERE MINIS

LISA GANZ PERSÖNLICH

· Seite 88 ·

Vielleicht kennst Du Lisa Rudiger aus dem Fernsehen? Nicht schlecht. Aber Du solltest sie erst mal in ihrer Backstube erleben! Lust auf einen Blick hinter die Kulissen?

REZEPTE FÜR DEN FRÜHLING

FRUCHTIGER SOMMER

OUTDOOR-BACKEN

· Seite 132 ·

Kuchen vom Grill? Was für eine schöne Idee! Also nichts wie los in die Weinberge über Durbach und ran an die Kohlen!

DAS GROSSE BÜCKEN

· Seite 144 ·

Auf den Schwarzwälder Streuobstwiesen ist im Herbst viel zu tun. Aber wo kann man sich mehr Inspiration für die Backstube holen als unter einem alten Boskoop?

GOLDENER HERBST

STRASSBURGS KÖNIGIN DER HERZEN

· Seite 182 ·

Das Elsass ist eine echte Hochburg der Lebkuchenbäckerei. Zelter nennt man die Spezialität hier und genießt sie nicht nur zur Weihnachtszeit. Wir durften der Königin des Honigkuchens mal über die Schulter schauen …

IN DER WEIHNACHTSBÄCKEREI

WAS WÄRE KUCHEN OHNE KAFFEE?

· Seite 210 ·

So schade, dass man Duft in einem Buch nicht transportieren kann … Dürfen wir Euch trotzdem mitnehmen zu einem der besten Kaffeeröster bei uns im Südwesten? Bei Kaffeestreichler Lars Györvari wird es so lecker wie lehrreich – versprochen!

SCHOKOOOOLAAADE!

HERZHAFTES

LISAS BACKSCHULE

TAUSEND DANK …

… an alle, die diese Schatzkiste voller süßer Ideen erst möglich gemacht haben!

URLAUB VOR DER HAUSTÜR

MACARONS UND MITEINANDER, CUPCAKES UND KINDERLACHEN, SCHOKOSAHNE UND SUNSET: WÄRE ES NICHT HERRLICH, MAL WIEDER AN EINER SCHÖN GEDECKTEN KUCHENTAFEL ZU SITZEN UND EINEN GECHILLTEN SONNTAGNACHMITTAG ZU VERLEBEN? JA, FINDEN WIR AUCH...

Die Sonne streichelt uns mit warmen Strahlen über die Haut. Zitronenfalter tanzen über die Wiese. In der Luft mischen sich Wolken von frisch gebrühtem Kaffee mit dem Duft der Rosen und Wiesenblumen an diesem strahlend schönen Altweibersommertag in den Hügeln über Offenburg. Omas Tischdecke spannt sich mal wieder über den breiten Gartentisch und Lisa stellt eine Leckerei nach der anderen zwischen Tassen, Teller und die strahlenden Augen von Liv, Ole, Dalian und Levi: eine Schokosahne mit Karamell, Beerenküchle, selbst gemachte Macarons und ein paar Cakepops... Was für ein paradiesisch schöner Sonntag!
Eigentlich müsste man so etwas doch viel häufiger machen, oder? Einfach mal einen Tisch in den Garten stellen oder eine Decke in den Park legen und back-nicken. Ganz gechillt das Wochenende ausklingen lassen und das süße Leben mit kleinen Löffeln genießen. Montag wird es schon noch schnell genug! „Für mich ist das wie Urlaub vor der Haustür. Man kann so richtig schön die Seele baumeln lassen", sagt Lisa und strahlt. „Hier oben auf dem Käfersberg ist es so schön, dass einem echt das Herz aufgeht!"

Meine Großstadt-Freunde aus Zürich haben mir neulich mit strahlenden Augen erzählt, was Day-Drinking doch für eine großartige Sache sei. Ob nun Eistee oder Aperol, Cobbler oder Averna Sour: In den Rooftop-Bars und auf den Terrassen am Zürisee genießt man die am liebsten bei strahlendem Sonnenschein schon am frühen Nachmittag – und nicht erst nachts in Clubs oder Bars. Der Vorteil: Man kann die Sommerklamotten besser ausführen, Freunde nicht nur treffen, sondern auch sehen und muss sich am Montag nicht verkatert in die Woche kämpfen.

Vom Day-Drinking zur Renaissance der sonntäglichen Kuchentafel ist es gedanklich nur ein kleiner Schritt. Wer es ganz lazy haben will, backt auch nicht alles selbst, sondern besucht einfach eine der vielen guten Konditoreien im Schwarzwald. Vielleicht Burger in Lahr, Müller in Durbach oder die Goldene Krone in St. Märgen? Beim Schwarzwald-Genuss-Award Kuckuck 21 hat man neulich erst die populärsten Adressen im Schwarzwald ausgezeichnet: das Café von Familie Bockstaller in Todtmoos, s'Blaue Hus in Nordrach und das Lille Hus Café in Ettlingen sind als Finalisten auch mal wieder einen Besuch wert. Vorher aber widme ich mich jetzt mal dem ersten Stück Schokosahne...
Ob das gesund ist? Nicht, wenn jeden Tag Sonntag wäre. In Maßen genossen aber ist gegen einen richtig leckeren Cheat Day die Woche nichts einzuwenden. Mehr noch: Es gibt ohne Ende Studien, wonach Menschen, die essen, nach was ihr Körper verlangt, im Mittel einen geringeren Body-Mass-Index und weniger Probleme mit Herz-Kreislauf-Erkrankungen haben als Mitmenschen, die aus Angst vor Fett und Kalorien

Was für ein schöner Sonntag! Besser als mit Schokosahne, Marmorkuchen und Macarons kann man so einen herrlichen Spätsommertag doch gar nicht genießen, oder? Daher: Tisch in den Garten, Kuchen drauf und los! Oder Ihr schnappt Euch einfach eine Decke, einen Korb und geht back-nicken im Park, am See oder genießt das süße Leben in einer der vielen Schutzhütten im Schwarzwald …

tagsüber tapfer in die Möhre beißen und dann Fressattacken bekommen und nachts – wenn's keiner sieht – mit einer Tüte Chips vor dem Fernseher vor dem inneren Schweinehund kapitulieren …

Levis Lachen holt mich zurück an unsere Tafel. Der kleine Mann soll mal herzhaft in ein Stück Torte beißen, damit Papa Dimitri noch ein Foto von purer Lebensfreude schießen kann. Dass er dafür erst noch auf die explizite Erlaubnis von Mama Valentina wartet, ist schon putzig – aber wie er dann die Schnute in der Schokosahne versenkt … Großartig! Er lacht übers ganze Gesicht und steckt uns alle mit seiner guten Laune an. Na, dann! Weg mit den feinen Löffeln und her mit den Fingern! Unter uns: So schmeckt es fast noch mal so gut …
Beim Grillen ist es doch auch so! Wenn Du versuchst, den Spareribs mit Messer und Gabel beizukommen, ist es nur der halbe Spaß. Das Auge isst mit, schon klar, die Finger aber auch, und überhaupt: Ein paar Konventionen kann man an einem Sonntag auch mal über Bord werfen, oder? Ich glaube: Genau das unterscheidet unsere Kaffeetafel heute von den gesitteten Veranstaltungen meiner Kindheit. Da saß man ja öfter mal bei Geburtstagen von Onkeln und Tanten in guten Klamotten vor Käsekuchen und Maulwurfstorte. Aber wie das dauerte! Warten, bis alle Kaffee haben. Warten, bis man ein gescheites Messer zur Hand hatte. Warten auf den Tortenheber. Warten, bis man ein Stück auf dem Teller hat. Warten, bis die Erwachsenen alle aufgegessen haben, ehe man sich (endlich) zum Spielen verdünnisieren durfte …

Das ist heute glücklicherweise anders. Daher sind in diesem Buch eben auch nicht nur klassische Kuchen und Torten, sondern auch viele neue, wilde Ideen. Ganz ungezwungen, ganz leger, schnell gemacht und einfach lecker. Alles Rezepte, für die man keine exotischen Zutaten oder Profi-Werkzeug braucht – sondern einfach nur ein bisschen Zeit. Damit macht man Liebe zum Löffeln. Oder wie es Susanne so schön sagt: Kuchen erreicht Stellen, da kommen Hände niemals hin …

FREI NACH BLACK FOREST GUMP: DAS LEBEN IST WIE EINE SCHACHTEL PRALINEN. MAN WEISS NIE, WAS MAN KRIEGT!

Rezept: Lisa **Rudiger**

Zubereitung: knifflig
Backzeit: 30 Minuten bei 180 Grad
Ergibt 1 Torte mit Ø 28 cm

MEINE SCHÖNSTE SCHWARZWÄLDER

KIRSCHTORTE

BISKUIT

6	**Eier**
3 EL	**Kakaopulver**
1 TL	**Backpulver**
200 g	**Zucker**
200 g	**Mehl**
1 Pr.	**Salz**
	Butter zum Fetten der Form

SAHNEFÜLLUNG

700 g	**Sahne**
6 Blatt	**Gelatine**
35 g	**Zucker**
100 ml	**Kirschwasser** als Tränke

KIRSCHFÜLLUNG

1 Glas	**Sauerkirschen**
2 EL	**Speisestärke**
20 g	**Zucker**

DEKORATION

200 g	**Zartbitter-schokolade**
6–8	**Kirschen**
	Rosmarinzweige

Den Backofen auf 180 Grad Ober-/Unterhitze vorheizen. Form einfetten. Eier trennen und Eiweiß mit einer Prise Salz und der Hälfte des Zuckers steif schlagen. Die Eigelbe mit dem übrigen Zucker schaumig rühren. Zuerst die Eigemische mischen, dann die trockenen Zutaten sieben und unterheben. Die Biskuitmasse abfüllen, glatt streichen und etwa 30 Minuten backen.

Für die Kirschfüllung die Kirschen abgießen und den Saft auffangen. Speisestärke mit dem Zucker mischen und mit etwas Saft glatt rühren. Die größere Menge Saft erhitzen und mit der Stärkemischung einen Pudding kochen. Dann die Kirschen unterheben.

Für die Sahnefüllung Gelatine in kaltem Wasser einweichen und die Sahne mit dem Zucker steif schlagen. Gelatine mit einem bisschen Wasser auf dem Herd erwärmen und unter die Sahne heben. Biskuit in 4 Scheiben schneiden. Auf die unterste Schicht mithilfe eines Spritzbeutels einen Sahnerand spritzen und die Mitte mit der Kirschfüllung füllen.

Den zweiten Boden gut mit Kirschwasser tränken, mit Sahne bedecken. Diese Schichtung weiterführen, bis kein Boden mehr übrig ist. Dann mit einer Sahneschicht abschließen. Etwas Sahne zum Einstreichen übrig lassen. Eingesetzte Torte eine Stunde kühlen.

In dieser Zeit 140 Gramm Schokolade im Wasserbad schmelzen (bei etwa 40 Grad), vom Herd nehmen und die übrigen 60 Gramm dazugeben. So kühlt die Masse direkt auf 31 Grad ab – die perfekte Temperatur für uns. Die temperierte Schokolade auf einen Streifen Backpapier aufstreichen und sehr dünn abziehen. Diesen Streifen zu einer Rolle rollen und für 30 Minuten in den Gefrierschrank legen. Nach dem Kühlen die Rolle vorsichtig aufrollen, damit die Deko für den Rand entsteht.

Die Torte mit der Sahne fertig einstreichen, mit dem Spritzbeutel die Tupfen anbringen und mit den Schokostücken, Kirschen und den Rosmarinzweigen dekorieren.

TIPP: *Die Gelatine darf nur noch handwarm sein, wenn sie unter die Sahne kommt. Wenn der Biskuit im Ofen ist, nicht ungeduldig werden und zu früh die Ofentür öffnen. Sonst fällt dieser Traum von Kirschtorte womöglich doch noch in sich zusammen.*

Rezept: Lisa **Rudiger**

Zubereitung: leicht

Backzeit: 30 Minuten bei 180 Grad

Ergibt 1 Kuchen mit Ø 20 cm

SCHWARZWÄLDER

KIRSCHHÜGEL

BISKUIT

5	**Eier**
2 EL	**Kakaopulver**
1 TL	**Backpulver**
180 g	**Zucker**
180 g	**Mehl**
1 Pr.	**Salz**
	Butter zum Fetten der Form

FÜLLUNG

250 g	**frische Kirschen**
250 g	**Sahne**
15 g	**Zucker**
3 Blatt	**Gelatine**

DEKO

Schokokirschen
Schokorollen

Den Backofen auf 180 Grad Ober-/Unterhitze vorheizen. Form fetten. Eier trennen und Eiweiß mit einer Prise Salz und 100 Gramm Zucker steif schlagen. Die Eigelbe mit dem übrigen Zucker schaumig rühren. Zuerst die Eigemische verrühren, dann die trockenen Zutaten sieben und unterheben. Die Biskuitmasse abfüllen, glatt streichen und für etwa 30 Minuten backen.

Die Backhaut vom Biskuit abschneiden. Den Biskuit aushöhlen, sodass noch eine etwa einen Zentimeter dicke Biskuit-Wand und ein genauso dicker Boden stehen bleiben. Gelatine in kaltem Wasser einweichen. Sahne mit dem Zucker steif schlagen. Die Gelatine mit ein bisschen Wasser auf dem Herd bei geringer Hitze auflösen, kurz abkühlen lassen und unter die Sahne heben. Alle Kirschen bis auf eine Handvoll für die Deko entsteinen und ebenfalls unter die Sahne ziehen. Mit dieser Mischung den Biskuit wieder füllen und ann dann die Sahnemasse mit den Biskuitbröseln abdecken.

Schließlich ein paar der übrigen frischen Kirschen in temperierte Schokolade abtauchen und den Hügel mit ihnen sowie den anderen frischen Kirschen garnieren.

TIPP: *Das heikle Thema Biskuit-Schneiden sparst Du dir bei dieser einfacheren und außerdem alkoholfreien Schwarzwälder-Variante. Keine Scheu vorm Aushöhlen – da kann nix schiefgehen.*

Rezept: Lisa **Rudiger**

Zubereitung: knifflig

Backzeit: 30 Minuten bei 180 Grad

Ergibt 1 Torte mit Ø 26 cm

MIT KAFFEETRÄNKE UND KIRSCH-CHUTNEY

GANACHE-TORTE

BISKUIT

- 6 **Eier**
- 3 EL **Kakaopulver**
- 1 TL **Backpulver**
- 200 g **Zucker**
- 200 g **Mehl**
- 1 Pr. **Salz**

Butter zum Fetten des Rings

KAFFEETRÄNKE

- 1 **Tasse Kaffee**
- 2 TL **Zucker**

KIRSCH-CHUTNEY

- 300 g **Kirschen**
- 30 g **Zucker**
- 1 Blatt **Gelatine**
- 2 cl **Kirschwasser**

GANACHE

- 250 g **Sahne**
- 350 g **Zartbitterschokolade**
- 1 TL **Espressopulver**
- 1 cl **Kirschwasser**

- 250 g **Marzipan**
- 14 **Kirschen**
- 200 g **entsteinte Kirschen**
- **Kaffeepulver**

Form gut fetten. Eier trennen und Eiweiß mit der Prise Salz und 100 Gramm Zucker steif schlagen. Die Eigelbe mit dem übrigen Zucker schaumig rühren. Zuerst die Eigemische verrühren, dann die trockenen Zutaten sieben und unterheben. Die Biskuitmasse abfüllen, glattstreichen und für etwa 30 Minuten backen.

Für das Chutney die Kirschen entsteinen und mit dem Zucker und dem Kirschwasser in einen Topf geben. Die Gelatine in kaltem Wasser einweichen. Die Kirschen leicht erwärmen und mit einem Pürierstab grob zerkleinern. Gelatine ausdrücken und zu den warmen Kirschen geben und einrühren. Etwa eine Stunde im Kühlschrank anziehen lassen. Tipp: Dieses Chutney am besten **am Vortag vorbereiten.**

Für die Ganache die Sahne mit dem Espressopulver zum Kochen bringen, dann direkt über die grob gehackte Schokolade gießen. Sobald die Masse gut verrührt ist, das Kirschwasser dazugeben. Biskuit zweimal durchschneiden. Die 200 Gramm entsteinten Kirschen am Rand entlang legen und mit dem Chutney ausfüllen. Den zweiten Boden darauf andrücken und mit der Kaffeetränke abtupfen. Ein Drittel der Ganache auf dem Boden verteilen, den letzten Boden andrücken, tränken und den zweiten Teil der Ganache obendrauf eben verstreichen.

Mit dem ausgerollten Marzipan die Torte abschließen und mit dem übrigen Ganache Rosetten aufdressieren, am Rand einstreichen, mit einem Spritztütchen Tropfen am Rand runterlaufen lassen und zum Schluss mit Kaffeepulver und Kirschen dekorieren.

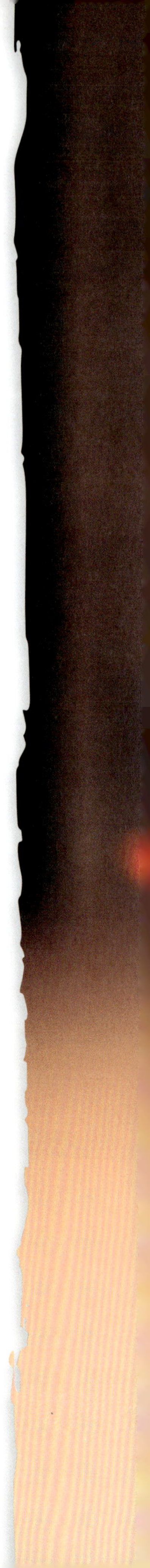

TIPP: *Um Marzipan gut ausrollen zu können, bestreust Du die Arbeitsfläche am besten immer mit Puderzucker. Der übernimmt in dem Fall die Arbeit des Mehls, ohne dabei aber bei Nichtgebackenem einen unerwünschten Geschmack zu hinterlassen.*

Rezept: Anja **Spittel**

Zubereitung: mittel
Backzeit: 20 Minuten bei 180 Grad
Ergibt 12 bis 15 Muffins je nach Form

BLACK FOREST

CUPCAKES

VANILLECREME

250 ml	**Vollmilch**
250 ml	**Sahne**
90 g	**Zucker**
15 g	**Butter**
1	**Vanilleschote**
1 Pr.	**Salz**
1	**Eigelb (30 g)**
40 g	**Speisestärke**

KIRSCHWASSER-KIRSCHEN

1 Glas	**Sauerkirschen**
2 EL	**Kirschwasser**

SCHOKO-TEIG

250 ml	**Vollmilch**
100 g	**Butter**
220 g	**Mehl**
170 g	**Zucker**
2 TL	**Backpulver, gehäuft**
300 g	**Schmand**
2	**Eier**
3 EL	**Kakaopulver**
7 g	**Vanillezucker**

TOPPING UND DEKO

670 g	**Schlagsahne**
20 g	**Sahnesteif**
18	**Kirschen mit Stiel**
100 g	**Schokoladenraspel**

Am ersten Tag: Für die Vanillecreme 80 Milliliter Milch separieren und mit dem Eigelb glatt rühren. Die Speisestärke in einer separaten Schüssel abwiegen, die Ei-Milch-Mischung hinzugeben und mit dem Schneebesen glatt rühren, bis keine Klümpchen mehr zu sehen sind. Nun die restliche Milch in einen Kochtopf geben. Sahne, Zucker, Butter, Salz und das Mark der Vanilleschote hinzufügen. Alles bei mittlerer Hitze unter ständigem Rühren zum Kochen bringen. Sobald die Milch-Sahne-Mischung zu kochen beginnt, den Topf von der Herdplatte nehmen und die Ei- Stärke-Mischung mit dem Schneebesen zügig unterrühren. Den Topf erneut auf die Herdplatte stellen und unter ständigem Rühren zum Kochen bringen, damit Ei und Stärke die Vanillecreme abbinden können. Nach einer Minute den Topf von der Herdplatte nehmen und die Vanillecreme in eine Schüssel umfüllen. Direkt mit Frischhaltefolie abdecken, damit sich keine Haut bilden kann. Die Creme in den Kühlschrank stellen.

Die Sauerkirschen in ein verschließbares Behältnis umfüllen und nach Geschmack 2 Esslöffel Kirschwasser hinzugeben.

Am nächsten Tag den Backofen auf 180 Grad Ober-/Unterhitze vorheizen und die Muffin-Backbleche mit Papierförmchen auslegen. Sauerkirschen abtropfen lassen und in jedes Papierförmchen 4 Kirschen legen.

Für den Teig die Butter schmelzen. Das Mehl sieben und mit Zucker, Backpulver, Kakao und Vanillezucker vermischen. Eier und Schmand zu den trockenen Zutaten geben. Die geschmolzene Butter nach und nach dazugeben und alls zu einem glatten Teig rühren. Diesen in die Papierförmchen geben und bei 180 Grad Ober-/Unterhitze für 20 Minuten backen. Nach dem Auskühlen mit Kirschwasser bestreichen.

Fürs Topping die ausgekühlte Vanillecreme in eine Rührschüssel geben und noch einmal glatt rühren. Die Sahne mit Sahnesteif schlagen, die Vanillecreme langsam darunterheben und in einen Spritzbeutel füllen. Die Vanillesahne kreisförmig auf die Muffins dressieren. Schokoladenraspel mit einem kleinen Löffel auf das Topping streuen. Zum Schluss die Kirschen waschen und auf dem Cupcake platzieren.

Rezept: Dorothea **Steffen**

Zubereitung: mittel
Backzeit: 10 Minuten bei 220 Grad
Ergibt 1 Roulade für 6 Personen

MIT FEINEM BISKUIT

SCHWARZWÄLDER KIRSCH-ROULADE

BISKUIT

6	**Eier**
150 g	**Zucker**
100 g	**Mehl**
45 g	**Kakaopulver**
50 g	**Zucker**
50 ml	**Wasser**
100 ml	**Kirschwasser**

KIRSCHFÜLLUNG

400 g	**Kirschen aus dem Glas**
150 ml	**Kirschsaft**
2 EL	**Zucker**
2 EL	**Speisestärke**
1 Pr.	**Zimt**

SAHNEFÜLLUNG

600 g	**Sahne**
7 Blatt	**Gelatine**
60 g	**Zucker**
70 ml	**Kirschwasser**
200 g	**Sahne**
100 g	**Schokoraspeln**

Für den Biskuit die Eier trennen. Das Eiweiß mit 100 Gramm Zucker zu festem Schnee schlagen. Die Eigelbe mit 50 Gramm Zucker schaumig-cremig aufschlagen. Mehl und Kakaopulver vermischen, die Eigelbmasse unter den Eischnee heben, dann Mehl und Kakao unterheben.

Den Ofen auf 220 Grad Ober-/Unterhitze vorheizen. Ein Backblech mit Backpapier auslegen, den Biskuit aufstreichen und etwa 10 Minuten lang backen. Den Teig auskühlen lassen, vom Papier lösen und wieder auf ein neues Papier legen.
Aus 50 Gramm Zucker und 50 Milliliter Wasser einen Läuterzucker kochen. Abkühlen lasen und 100 Milliliter Kirschwasser dazugeben. Mit der Hälfte davon den Biskuit tränken.

Für die Füllung die Kirschen mit 100 Milliliter Kirschsaft und Zucker aufkochen. Den restlichen Saft mit der Speisestärke anrühren, eine Prise Zimt dazugeben, in den kochenden Saft einrühren und nochmals aufkochen. Die abgetropften Kirschen unterheben und abkühlen lassen.

Für die Sahnefüllung Gelatine in kaltem Wasser einweichen, gut ausdrücken und in einem kleinen Topf erhitzen, bis sie flüssig wird. Dann Zucker und Kirschwasser einrühren. Die kühlschrankkalte Sahne steif schlagen und das Kirschwasser unterheben.

Die Kirschen auf der unteren Hälfte der Roulade als Strang verteilen. Die Kirschwassersahne gleichmäßig auf dem Teig verteilen und von unten her mit Hilfe des Papiers aufrollen. Mindestens vier Stunden kalt stellen! Vom Papier lösen und die Roulade mit restlicher Kirschwasser-Tränke einpinseln. 200 Gramm Sahne aufschlagen und damit die Roulade einstreichen. Mit Schokoraspeln dicht bestreuen.

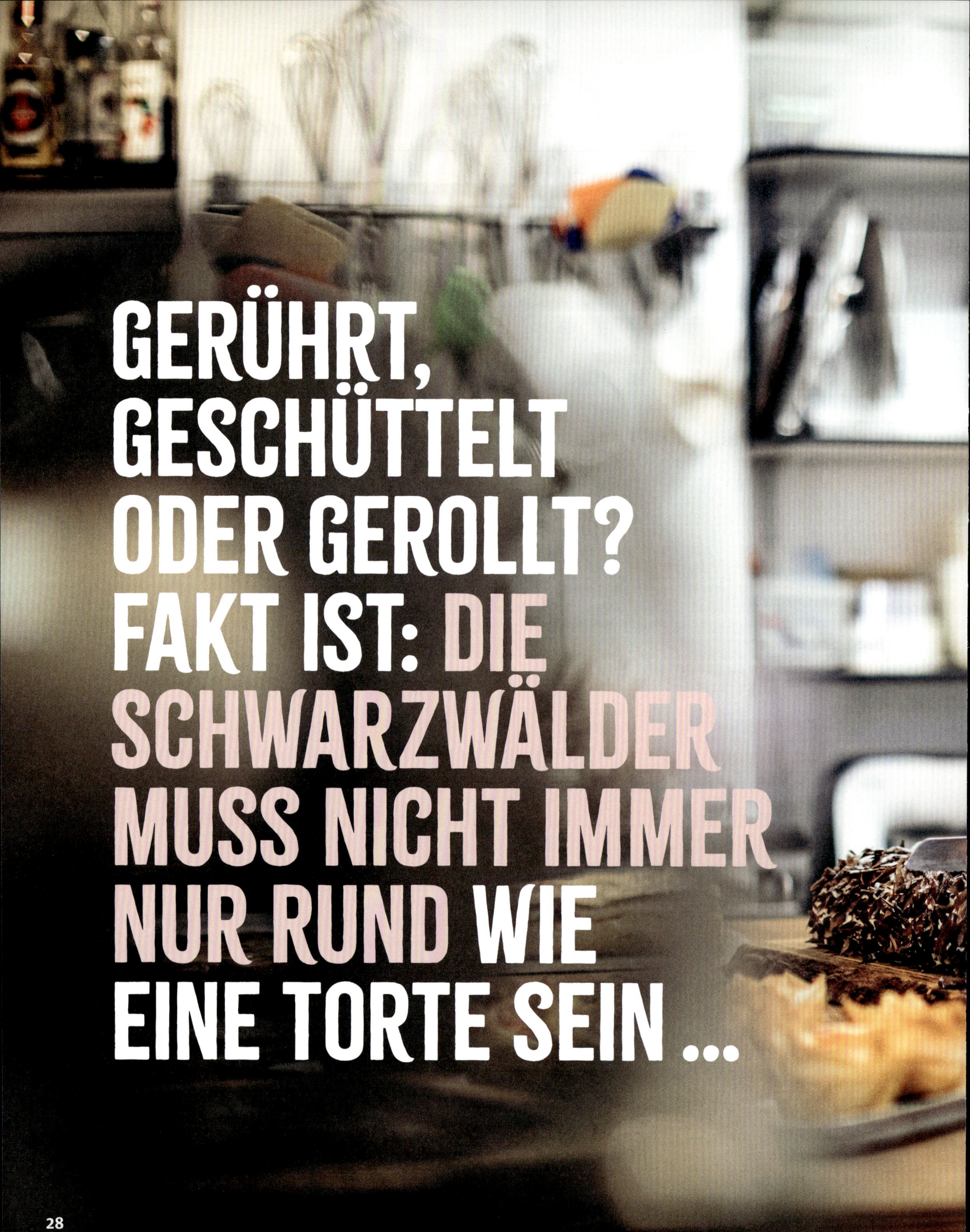

GERÜHRT, GESCHÜTTELT ODER GEROLLT? FAKT IST: DIE SCHWARZWÄLDER MUSS NICHT IMMER NUR RUND WIE EINE TORTE SEIN ...

Rezept: Anton **Ohnmacht**

Zubereitung: mittel
Backzeit: 15 Minuten bei 180 Grad
Ergibt 1 Torte mit Ø 26 cm

DIE ORIGINAL SCHWARZWÄLDER

KIRSCHTORTE

BISKUIT

4	**Eier**
150 g	**Zucker**
1 Pck.	**Vanillezucker**
100 g	**Weizenmehl**
100 g	**Speisestärke**
2 TL	**Backpulver**
1 EL	**Kakao**
	Fett und Semmelbrösel zum Fetten der Form

FÜLLUNG

750 g	**Sauerkirschen**
1 Pck.	**Vanillepuddingpulver**
1 EL	**Zucker**
1 Msp.	**Zimt**
2 Fl.	**Sahne** (à 500 ml)
16 Blatt	**Gelatine**
200 ml	**Kirschwasser**
150 g	**Zucker**

Den Ofen auf 180 Grad Ober-/Unterhitze vorheizen. Die Eier mit 3 Esslöffeln heißem Wasser schaumig schlagen. Zucker und Vanillezucker einrieseln lassen und die Masse hellgelb aufschlagen. Mehl, Stärke, Kakao und Backpulver mischen, auf die Eimasse sieben und vorsichtig unterheben. Den Teig in eine gefettete und mit Semmelbröseln großzügig ausgestreute Springform (26er) füllen und etwa 30 Minuten backen.

Die Sauerkirschen in ein Sieb schütten und den Saft auffangen. Den Saft mit Wasser auf 500 Milliliter auffüllen und mit dem Zucker und dem Puddingpulver unter ständigem Rühren aufkochen. Die Kirschen wieder zugeben und vorsichtig untermischen.

Den fertigen Biskuit in 3 gleich dicke Scheiben schneiden. Den Ring der Springform auf eine Platte stellen und die erste Biskuitscheibe hinein legen, mit 2 Esslöffeln Kirschwasser beträufeln und die etwas abgekühlte Kirschfüllung darauf verteilen. Jetzt den zweiten Teigboden auflegen und wieder mit 2 Esslöffeln Kirschwasser beträufeln.

Die erste Flasche der kühlschrankkalten Sahne aufschlagen und, kurz bevor sie steif wird, den Zucker zugeben. 8 Blatt Gelatine in kaltem Wasser 10 Minuten einweichen, gut ausdrücken und in einem kleinen Topf erhitzen, bis sie flüssig wird. Auf keinen Fall kochen! Nun zügig arbeiten, damit es keine Klumpen gibt: 3 Esslöffel der geschlagenen Sahne und die Hälfte des noch übrigen Kirschwassers in die Gelatine geben, glatt rühren und diese Masse zügig unter die vorbereitete Sahne rühren. Die Hälfte dieser Sahne-Mischung auf den vorbereiteten Biskuit mit den Kirschen geben und glatt streichen. Anschließend den letzten Boden auflegen, die restliche Kirschwassersahne daraufgeben und glatt streichen. Diesen Kuchen nun für mindestens 4 Stunden kaltstellen.

Nun den Tortenring entfernen. Mit der restlichen Sahne, Zucker, Kirschwasser und Gelatine wie vorher eine Kirschwassersahne herstellen und den Kuchen damit ringsherum einstreichen. Nach belieben mit Schokospänen und Kirschen dekorieren. Die fertige Torte vor dem Servieren gut durchkühlen!

Rezept: Lisa **Rudiger**

Zubereitung: leicht
Backzeit: 35 Minuten bei 180 Grad
Ergibt 1 Kuchen mit Ø 20 cm

MIT SCHWARZWÄLDER KIRSCHFÜLLUNG

LINZER TORTE

RÜHRTEIG

125 g	**Butter**
1	**Ei**
125 g	**Puderzucker**
125 g	**Mehl**
125 g	**gemahlene Mandeln**
1 TL	**Zimt**
1 TL	**Kakao**
½ TL	**Backpulver**
2 cl	**Kirschwasser**
1	**Ei** zum Bepinseln
20 g	**gehackte Haselnüsse**
	Butter und Mehl für die Form

KIRSCHFÜLLUNG

1 Glas	**Sauerkirschen** (350 g gesamt)
2 EL	**Speisestärke**
20 g	**Zucker**

Den Backofen auf 180 Grad Ober-/Unterhitze vorheizen und die Backform einfetten, mit Mehl ausstreuen und die Haselnüsse auf dem Springformboden verteilen.

Aus dem Saft der Kirschen mit der Speisestärke und dem Zucker einen Pudding kochen. Dann die Kirschen unterheben. Zimmerwarme Butter mit dem Puderzucker leicht schaumig rühren. Das Ei hinzugeben.

Die trockenen Zutaten alle zusammen in einer Schüssel mischen und zur Buttermasse geben. Zum Schluss das Kirschwasser unterrühren. Zwei Drittel der Masse auf den Haselnüssen verteilen. Den Rest in einen Spritzbeutel füllen, einen Rand spritzen, die Kirschfüllung in die Mitte platzieren und mit einem Gitter abschließen. Das aufgespritzte Gitter mit Ei bepinseln und 35 Minuten bei 180 Grad backen.

TIPP: *Linzer Torte in einfach – denn: Hier gibt es kein Gitter auszurollen. Einfach aufspritzen. Hast Du Lust, mal andere Formen auszuprobieren?*

Rezept: Anton **Ohnmacht**

Zubereitung: leicht

Backzeit: 75 Minuten bei 170 Grad

Ergibt 1 Plotzer mit Ø 28 cm

GRANDIOS UND MIT SCHUSS:

KIRSCHPLOTZER

ZUTATEN

6 Weizenbrötchen
500 ml Milch mit 1,5 % Fett

125 g Butter
100 g Zucker
4 Eier
1 EL Zimtpulver
1 Pr. Nelkenpulver
2 EL Kirschwasser

1300 g Kirschen

Weckmehl und **Fett** zum Einstreichen der Form

Wie schön, wenn die Brötchen vom Vortag noch Verwendung finden. In diesem Kirschplotzer werden sie sogar zum echten Star!

Brötchen (gerne vom Vortag) in dünne Scheiben oder Würfel schneiden. Die Milch aufkochen und über die Brötchen gießen. Die Masse zudecken und ziehen lassen.

Butter, Zucker, Eigelb, Zimt, Nelken und Kirschwasser verrühren und zur Brötchen-Mischung geben.

Das Eiweiß steif schlagen und vorsichtig unterheben, dann auch die Kirschen vorsichtig unterheben.

Eine runde Backform mit 28 Zentimetern Durchmesser dünn mit Fett einpinseln und etwas Weckmehl einstreuen. Bei 170 Grad Umluft im vorgeheizten Ofen 75 Minuten backen.

TIPP: *Wer kein Freund von Kirschwasser ist, nimmt Cointreau oder Grand Marnier. Wenn Kinder mit am Tisch sitzen, einfach Alkohol ganz weglassen und etwas mehr Kirschsaft dazugeben.*

Rezept: Ulf **Tietge**

Zubereitung: mittel

Backzeit: 40 Minuten bei 200 Grad

Ergibt 1 Blechkuchen, etwa 30 x 40 cm

NACH OMAS ORIGINALREZEPT

SCHNEEWITTCHEN-KUCHEN

MÜRBETEIG

- 300 g **Mehl**
- 150 g **Margarine**
- 150 g **Zucker**
- 3 **Eier**
- 1 Pck. **Backpulver**
- 1 Pck. **Vanillezucker**

- 1 EL **Butter**
- 1000 g **Schattenmorellen** (Abtropfgewicht)

BUTTERCREME

- 750 ml **Milch**
- 2 Pck. **Puddingpulver**
- 3 EL **Zucker**
- 200 g **Butter** (zimmerwarm)

KAKAOGLASUR

- 250 g **Puderzucker**
- 5 EL **echter Kakao**
- 2 **Eier**
- 8 **Würfel Palmin**

Margarine, Zucker und Eier schaumig rühren. Das Mehl sieben und mit den anderen trockenen Zutaten in das Eier-Fett-Gemisch rühren und zu einem schönen Mürbeteig verarbeiten. Diesen Mürbeteig eine Stunde ruhen lassen.

Den Backofen auf 200 Grad Ober-/Unterhitze vorheizen. Die Kirschen aus dem Glas holen und abtropfen lassen. Ein tiefes Backblech mit Backpapier auslegen und dieses Papier mit der Butter gut einfetten. Jetzt den Teig wie eine Pizza auf dem Blech verteilen und mit den Fingern in Form bringen, damit der Boden später schön locker wird. Die Kirschen auf dem Mürbeteig verteilen und den Teig etwa 40 Minuten backen. Das Blech aus dem Ofen holen und komplett erkalten lassen – das ist wichtig!

Einen kleinen Teil der Milch mit dem Puddingpulver verrühren. Den Rest der Milch mit dem Zucker aufkochen lassen, die Puddingmilch dazugeben und noch einmal aufkochen lassen. Danach wird der Topf von der Flamme genommen. Die weiche Butter mit der Hand rühren und die warme Puddingmilch Esslöffel für Esslöffel dazugeben. Die Butter rühren bis sie mindestens lau- oder zimmerwarm ist, damit sich keine Haut bildet. Dann erst die Buttercreme auf den kalten Kuchenboden geben und **über Nacht auskühlen lassen**.

Eier, Puderzucker und Kakao miteinander verrühren. Das Palmin schmelzen und auf etwa 45 Grad abkühlen lassen. Das Eier-Kakao-Gemisch mit dem Palmin verrühren und zügig auf die kalte Buttercreme geben. Am besten geht das mit einem Spatel, denn der Guss wird schnell recht fest. Den Kuchen gern **noch einmal über Nacht stehen lassen** und dann in etwa 5 Zentimeter große Stücke schneiden.

TIPP: *Der Schneewittchenkuchen ist am Ende locker 4 Zentimeter hoch. Nehmt also eher ein Blech mit hohem Rand, das erleichtert das Auftragen der Buttercreme und der Kakaoglasur.*

Rezept: Lisa **Rudiger**

Zubereitung: mittel
Backzeit: 30 Minuten bei 180 Grad
Ergibt 1 Torte mit Ø 25 cm

JETZT WIRD'S DREISTÖCKIG:

HOLUNDER-KIRSCH NAKED-CAKE

BISKUIT

- 5 **Eier**
- 1 TL **Backpulver**
- 180 g **Zucker**
- 180 g **Mehl**
- 1 Pr. **Salz**
- **Butter** zum Fetten der Form

KIRSCHAUFSTRICH

- 250 g **entsteinte Kirschen**
- 1 **Vanilleschote** für das Mark
- 100 g **Gelierzucker 2:1**

FÜLLUNG

- 100 ml **Holundersirup** als Tränke
- 20 ml **Holunderblütensirup**
- 500 ml **Sahne**
- 20 g **Zucker**
- 4 Blatt **Gelatine**

DEKO

- 12 **Kirschen**
- **Holunderblüten**

Den Backofen auf 180 Grad Ober-/Unterhitze vorheizen und die Form gut fetten.

Eier trennen und Eiweiß mit einer Prise Salz und 100 Gramm Zucker steif schlagen. Die Eigelbe mit dem übrigen Zucker schaumig rühren. Zuerst die Eigemische verrühren, dann die trockenen Zutaten sieben und unterheben. Die Biskuitmasse abfüllen, glatt streichen und für etwa 30 Minuten backen.

Aus den Kirschen schnell einen Fruchtaufstrich kochen und abkühlen lassen. Die Kirschen dabei ruhig ganz lassen und nicht pürieren.

Für die Füllung nun die Gelatine in kaltem Wasser einweichen. Sahne mit dem Zucker steif schlagen. Den Holunderblütensirup erwärmen und die Gelatine dann darin unter Rühren auflösen. Diese Mischung jetzt unter die Sahne ziehen und dann den Biskuit zweimal durchschneiden.

Alle drei Böden gut mit dem Holundersirup tränken, mit dem Fruchtaufstrich bestreichen und dann mit etwas Sahne stapeln.

Mit der übrigen Sahne einen Rosettenrand spritzen, damit die Kirschen in der Mitte Platz haben. Die Torte mit den Holunderblüten ausschmücken.

Diese Torte braucht ein bisschen Zeit. Abkürzen kannst Du natürlich, indem Du gekauften Kirschaufstrich verwendest. Aber: Den Unterschied schmeckst Du bei der Torte schon. Selbstgemachter ist zudem besser streichfähig.

DAS KIRSCHWASSER MUSS IN DIE SAHNE! SO WILL ES DAS ORIGINAL-REZEPT. IM LAUFE DER ZEIT HABEN SICH ABER MEHRERE VARIANTEN ENTWICKELT ...

4. Sahnetorten.
Preisberechnung der Zutaten
4. Sahnetorten.
Preisberechnung der Zutaten

Zeitlose Sahnebombe: Die Schwarzwälder Kirschtorte fordert vom Bäcker viel Handarbeit. Was nicht fehlen darf: Sahne, Schokolade, Puderzucker – und jede Menge Kirschwasser …

DIE SCHWARZWÄLDERIN, DIE KEINE IST

GEWUSST? SO WIE'S AUSSIEHT, KOMMT DIE SCHWARZWÄLDER KIRSCHTORTE GAR NICHT VON HIER, SONDERN WURDE IM RHEINLAND ERFUNDEN. DAS ORIGINAL-REZEPT HAT ES TROTZDEM BIS IN DEN SCHWARZWALD GESCHAFFT – DOCH ES BLIEB LANGE JAHRE UNENTDECKT ...

Eigentlich ist es ja irgendwie komisch. Wir Schwarzwälder – und mit uns die halbe Welt – lieben seit inzwischen mehr als einem Jahrhundert eine süße Köstlichkeit, die wegen ihrer Kalorienwucht eigentlich so gar nicht in unsere schlanke Zeit passt. Doch der unvergleichliche Charme der roten Kirschen im cremigen, schnapsgetränkten Kleid auf schokoladigem Biskuitboden scheint den Zeitgeist eben zu überdauern. Gut so! Weltweit ist die Schwarzwälder Kirschtorte ohnehin längst zu einem deutschen Wiedererkennungsmerkmal geworden. Bei uns ist man darauf verständlicherweise stolz. Nur: Offenbar kommt die Torte gar nicht aus dem Schwarzwald...

Tatsächlich soll das Rezept im Jahr 1915 von dem aus dem schwäbischen Riedlingen stammenden Josef Keller erfunden worden sein. Der arbeitete seinerzeit im Café Agner in Bad Godesberg – heute ein Stadtteil von Bonn. Kommt die Schwarzwälder Kirschtorte also aus dem Rheinland? Wie das mit der Herkunftsfrage von Rezepten eben so ist, wird diskutiert. Ein Stadtarchivar reklamierte jüngst die Urheberschaft für einen Tübinger Konditormeister. Einen allseits anerkannten Beweis konnte er dafür aber nicht erbringen.

Und so halten viele Konditoren Josef Keller weiterhin für den Erfinder. Claus Schäfer sowieso. Denn Schäfers Vater August war es, der Kellers Rezept im Jahr 1929 dahin zurückholte, wo es dem Namen nach hingehört – in den Schwarzwald. Genauer: nach Triberg, wo bekanntlich Deutschlands höchste Wasserfälle ins Tal rauschen. Zuvor hatte er das Konditorenhandwerk bei eben jenem Keller erlernt, der inzwischen von Bad Godesberg nach Radolfzell an den Bodensee umgesiedelt war. In einem kleinen, alten Rezeptbuch schrieb er alles auf, was ihm sein Lehrmeister beibrachte – auch das Originalrezept der Schwarzwälder Kirschtorte.

Sohn Claus, der das elterliche Café in Triberg übernahm, das inzwischen aus Altersgründen aber geschlossen wurde, hütet die Sammlung bis heute. Dabei war ihm lange nicht klar, was für einen Schatz er da bei sich hatte „Das Büchlein stand jahrelang in der Backstube", erzählt der Tortenbäcker. Und klar: Die eigene Schwarzwälder wurde nach dem väterlichen Rezept gebacken. Eines Tages zeigte er es zwei Journalisten. Die verstanden, was Claus lange nicht so gesehen hatte: Da lag ein wahrer Schatz in der ansonsten eher unscheinbaren Konditorei an der Triberger Hauptstraße ...

Das allerwichtigste aus dem Rezept verrät Claus übrigens gerne: „Das Kirschwasser muss in die Sahne!", sagt er. Nur so bekommt die Schwarzwälder ihr allumfassendes Aroma. Wo er das Büchlein aufbewahrt, verrät er indes nicht mehr: „Sagen wir mal so: Es ist an einem ziemlich sicheren Ort..."

DIE QUELLE DES KIRSCHWASSERS

ES IST EIN ECHTES NATURPRODUKT DES SCHWARZWALDS. EINE SPEZIALITÄT MIT WELTRUF, VERGLEICHBAR MIT DEM CALVADOS DER NORMANDIE ODER DEM WHISKEY DER SCHOTTEN. UND UNSER KIRSCHWASSER IST UNVERZICHTBAR FÜR DIE BERÜHMTESTE TORTE DER WELT!

Hochsommer im Schwarzwald. Locker 30 Grad. Für Sepp aber fühlt sich dieser Tag trotzdem an wie Weihnachten. Denn Josef „Sepp" Haas ist Destillateurmeister bei Bimmerle in Sasbach, einer der größten Privatbrennereien im Schwarzwald und der Rheinebene. Er begrüßt uns eilig, geht auf und ab, von Bottich zu Bottich und hat diesen Glanz in den Augen, der uns verrät: Das hier ist auch bei den Obstbrand-Profis, die hinter Marken wie Lörch und Sutterer stehen, alles andere als Alltag. „Die Anlieferung von frischen Früchten für unsere Brände ist immer ein besonderer Moment", sagt Sepp und als wir seinem Blick folgen, sehen wir sofort, woher das Leuchten darin kommt: direkt von den Kirschen.

Gerade hat Sepp eine Ladung vor sich, die ihm besonders gefällt. Er erklärt uns: „Wenn sie so glänzen, sieht man den Zucker, den sie haben. Das bedeutet Öchsle und das ist gut für uns." Schließlich wird daraus wiederum Alkohol. Wie genau, das werden uns Sepp und seine Kollegen heute noch genauer zeigen. Zuerst bleiben wir aber hier bei der Anlieferung. Die Öchsle müssen erst noch gemessen werden. Gewöhnlich liegen die verwendeten Brennkirschen zwischen 80 und 120. Zum Vergleich: Badens Winzer sprechen schon bei 80 bis 90 Grad Öchsle von einem ausgezeichneten Qualitätswein, einem Kabinett. Die Zuckerwerte sind aber nicht das allein Entscheidende. Bei den Kirschen ist in diesem Jahr ein besonderer Blick angebracht, denn im Sommer hat es viel geregnet. „Nicht jede Lieferung wird so reif strahlen wie diese", sagt Sepp deshalb. „Wir müssen genau nachsehen, dass keine fauligen Kirschen dabei sind." Sepp greift vorsichtig in den Bottich und zieht ein Paar verdörrte Früchte heraus. „Diese hier schaden aber nicht. Ganz im Gegenteil. Die sind wie Rosinen und haben besonders viel Zucker. ‚Hutzle' heißen die bei uns im Dialekt."

Die Kirschen werden jetzt mit dem Stapler hochgehoben und kommen aufs Förderband. Die versprochene Messung steht an. Dafür halten sie an, eine Pumpe taucht tief in die rote Masse ein. Sensoren messen den Zuckergehalt und wiegen die Ware. Denn bis hierhin gehört sie noch den Landwirten, die diese dunkelroten Saftbomben in diesen Tagen tonnenweise mit ihren Traktoren und auf Anhängern anliefern. Während unser Prachtbottich gerade seinen Weg aufs Förderband nimmt, sichten wir mit Sepp ein paar der nächsten Lieferungen. Wir folgen ihm noch ein Stück weiter, da streckt der Brenner den Finger aus und kreist mit einer Armbewegung ein Gebiet vor dem Firmengebäude ein: Streuobstwiesen, gerade mal ein paar hundert Meter entfernt. „Direkt von hier bringen uns die Obstbauern ihre Früchte rüber", erzählt er. Die optimale Reife haben die Brennkirschen nur für einen Zeitraum von etwa drei Tagen. „Dann musst du sie ernten!"

Schaut genau hin: Destillateurmeister Josef „Sepp“ Haas in den heiligen Hallen von Bimmerle. Direkt vor der Brennanlage lenkt er seinen prüfenden Blick auf das Glas mit Kirschwasser. Natürlich testet er das gleich auch mit der Nase und dem Mund …

STOLL
ROBUST
280 S

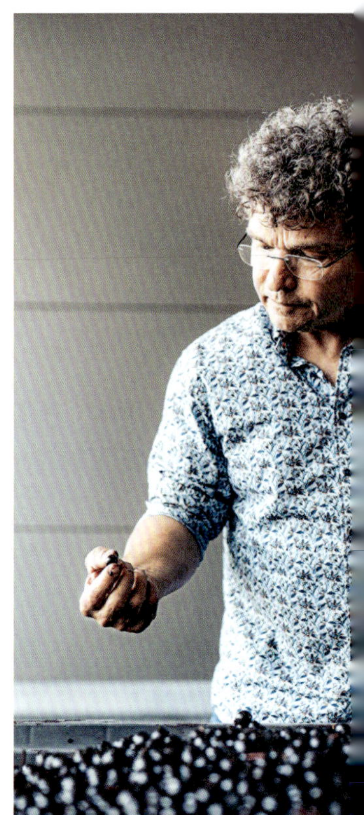

Die Exzenterschneckenpumpe (ganz links) pumpt die frisch angelieferten Kirschen (rechts davon) nach Messung ihres Zuckergehalts weiter Richtung Gärtank, wo die Maische lagert. Sepp überprüft derweil die Qualität der gelieferten Kirschen (unten)

Unsere Kirschen haben unterdessen die Pumpe mit der Messung passiert, schnell strecken wir uns auf der Leiter, um zu sehen, wie es weitergeht: rot, so weit das Auge reicht! In dem großen Behälter, in dessen Mitte sich eine Art Riesenkorkenzieher dreht, ist schon alles voller Kirschsaft. Die sogenannte Exzenterschneckenpumpe fördert die Kirschen weiter. „Dabei werden die Kirschen sozusagen schon etwas angequetscht." Ab jetzt spricht Sepp von Maische. So heißt die Masse während und nach der Gärung. Sie sieht jetzt auch schon mehr nach Mus aus, hinzu kommt ein Säureschutz, der garantiert, dass die Hefe optimal arbeitet, sowie die Hefe selbst – dann geht es weiter durch Edelstahl-Leitungen in die großen Gärtanks.

Ganze Reihen dieser Tanks stehen in der Gärhalle. Von außen sind sie beschlagen wie ein Glas kalter Saft. „Die Gärtanks werden immer gekühlt", sagt Sepp. „Oben seht ihr, warum." Wir gehen die Treppen hinauf und Sepp führt uns auf geradem Weg direkt zu dem Tank, der gerade befüllt wird. Von unten her steigt die Maische in ihm immer noch weiter an. Sepp geht einen Gärtank weiter und öffnet die Luke an der Oberseite. „Vorsicht", sagt er, wegen der Gärgase, und bewegt den Kopf langsam über die Öffnung. Unglaublich: Darin brodelt es richtig. Es schäumt, es blubbert und von der Seite betrachtet flimmert die Luft über der Maische und direkt über der Öffnung. „Das macht das CO_2."
Über dem Tank fühlt es sich an wie über einer Heizung. Die Gärung in den Tanks ist so stark und die Schaumbildung so heftig, dass oben Platz gelassen und mehrmals am Tag gerührt werden muss. Die Frucht schwimmt auf der Flüssigkeit, das Ganze muss deshalb immer gut durchbewegt werden. „Wenn es draußen so warm ist, dann beginnt die Gärung schon nach einer halben Stunde." Darauf, wie lange sie dauert, gibt es nicht die eine Standardantwort: „Wir sprechen von einem Naturprodukt. So um die drei Wochen dauert's, aber nach-

schauen müssen wir trotzdem immer. Wenn kein Zucker mehr drin und kein Maischekuchen von der Frucht mehr drauf ist, ist die Gärung abgeschlossen", erklärt Sepp. Abhängig ist die Dauer etwa vom Zuckergehalt: Je mehr Zucker, desto länger dauert die Gärung, andererseits bedeutet das auch mehr Alkohol, was wiederum konserviert. Die Wissenschaft des Schnapsmachens beginnt also schon vor dem eigentlichen Brennvorgang ...

Nach der Gärung geht es für die Maische durch Edelstahlrohre in ein Sieb, das die Kirschsteine entnimmt. Beim Brennen würden sie zu einem starken Bittermandelaroma führen, das bei der heutigen Vorliebe für fruchtig-frische Brände nicht mehr en vogue ist. Ihr Weg führt deshalb in die Verbrennungs- und nicht in die Brennanlage – Ökostrom aus Kirschkernen ...

Wir stehen jetzt im Raum mit den Brennkesseln. Das Herzstück einer jeden Brennerei. Dort, wo nach dem Gären aus der Maische Schnaps gebrannt wird. Aus fünf Kupferbrennblasen kommt bei Bimmerle das Kirschwasser. Was in ihnen geschieht, kann uns der Destillateurmeister nur erklären: Der Kessel ist voll mit Maische. Acht bis zehn Prozent Alkohol hat diese zu dem Zeitpunkt schon. Aus 3000 Litern werden dann 240 Liter hochprozentiger Rohbrand. Wie? Die Flüssigkeit wird erhitzt und steigt als Dampf nach oben. Sie darf dabei nicht zu schnell heiß werden, da die diversen Alkohole unterschiedliche Siedepunkte haben. „So können wir sauber Vorlauf, Mittellauf und Nachlauf voneinander trennen", erklärt Sepp. Der Vorlauf kommt weg, vor allem das Methanol darin ist ungenießbar. Der Mittellauf hingegen ist das Filetstück. Auf den hat es der Brenner abgesehen.

Auf der nächsthöheren Ebene – in der sogenannten Kolonne mit seinen Gucklöchern – wird der Dampf wieder abgekühlt, kondensiert und aufgefangen. Als Flüssigkeit wird das Destillat dort erneut zum Verdampfen gebracht und steigt zur nächsthöheren Ebene auf und so weiter. Oder auch nicht. Denn je mehr solcher Böden dazwischengeschaltet sind, desto reiner wird der Brand. Dabei gehen allerdings eben auch Aromen flöten. „Das dann richtig zu treffen, die richtige Balance zwischen Reinheit und Aroma zu finden, ist eine der großen Künste des Brennens", sagt Sepp.

Nach der Destillation wird der Brand in einen Tank gepumpt, wo er reifen kann: „Der Brand wird weicher." Die reifegelagerten Brände der vergangenen Jahrgänge werden zu Cuvée vermischt. Anders als beim Wein interessiert nicht der einzelne Jahrgang, der beim Schnaps im Vergleich mal etwas fruchtiger, ein anderes Mal süßer, saurer oder steiniger wäre. Priorität hat die gleichbleibende Qualität.

Das Kirschwasser ist jetzt fast fertig. Mit Wasser wird es von Fass- auf Trinkstärke gebracht, 40 Prozent bedeutet das bei unserem Kirschwasser. Brennmeister Sepp Haas schenkt ein wenig ein und schwenkt es im Gläschen. Zufrieden schaut er es an, riecht und schmeckt. „So kann das in die Flasche", sagt er. „Entscheidend ist, was reinkommt. Du kannst beim Brennen unerwünschte Geschmäcker ein Stück weit rausnehmen, Aromen hinzugeben kannst du aber nicht. Das kommt alles aus der Frucht."

In diesen hohen Kesseln passiert es: Aus der Maische wird das Destillat. Jeder weitere Kondensator in der Höhe leistet dabei seinen Beitrag zu einem sauberen, runden Ergebnis. Entscheidend ist dabei die Temperatur, bei der die Flüssigkeit jeweils kondensiert

Rezept: Marina **Wiehl**

Zubereitung: knifflig
Backzeit: 25–30 Minuten bei 170 Grad
Ergibt 6 Stück

SCHWARZWÄLDER

KIRSCHWASSER-LIEBESKNOCHEN

DUNKLE GANACHE

100 ml	**Sahne**
80 g	**Zartbitterkuvertüre**

WEISSE GANACHE

100 ml	**Sahne**
160 g	**weiße Schokolade**
50 g	**Zucker**
300 g	**Sahne**
25 ml	**Kirschwasser**

KIRSCHFÜLLUNG

250 g	**entsteinte Kirschen**
30	**Zucker**
7 g	**Gelatine**

SCHOKOLADEN-CRAQUELIN

50 g	**Butter**
60 g	**Rohrohrzucker**
25 g	**Kakaopulver**
60 g	**Dinkelmehl** (630er)

BRANDMASSE

60 ml	**Milch**
65 ml	**Wasser**
50 g	**Butter**
Pr.	**Salz und Zucker**
55 g	**Dinkelmehl** (630er)
15 g	**Kakaopulver**
2	**Eier**

Die Ganache wird **am Vortag** zubereitet. Zuerst die Kuvertüre hacken und in eine Schüssel geben. Sahne erhitzen und über die Schokolade gießen. Rühren, bis eine homogene Masse entsteht. Abgedeckt in den Kühlschrank stellen. Die weiße Schokolade über dem Wasserbad schmelzen. Sahne mit Zucker aufkochen, zur geschmolzenen Schokolade geben und mit einem Stabmixer zu einer homogenen Masse verrühren. Die restliche Sahne und das Kirschwasser dazugeben, grob verrühren. und über Nacht abgedeckt in den Kühlschrank.

Am nächsten Tag die Gelatine in Wasser einweichen. Einen elf auf 11 Zentimeter großen Rahmen mit Folie auslegen. Drei Kirschen für die Deko beiseitestellen. Die restlichen Kirschen pürieren, mit dem Zucker kurz aufkochen. Die aufgelöste Gelatine dazugeben und einrühren. Fruchtpüree in den Rahmen gießen und für 2 Stunden in den Froster stellen.

Zutaten für das Schokoladen-Craquelin gut vermengen. Zwischen zwei Backpapieren zu einem Rechteck ausrollen (30 x 2 cm) und eine halbe Stunde in den Gefrierschrank geben.

Die Zutaten für den Brandteig gemäß Grundrezept auf Seite 256 verarbeiten. Diese Masse in einen Spritzbeutel mit Sterntülle geben und auf ein mit Backpapier belegtes Blech zwölf je elf Zentimeter lange Streifen dressieren.
Das Craquelin aus dem Gefrierschrank holen, in gleichmäßige Streifen schneiden und auf die Eclairs setzen, das Blech direkt in den Ofen schieben und für 25 bis 30 Minuten backen. Den Ofen zwischendurch nicht öffnen, da sonst die Eclairs zusammenfallen könnten.

Die Eclairs der Länge nach aufschneiden. Dunkle Ganache mit dem Schneebesen aufschlagen, in einen Spritzbeutel füllen und auf den Boden jedes Eclairs einen breiten Streifen dressieren. Den Fruchtkern aus dem Froster holen, mit einem scharfen Messer in Stränge von 1 auf 9 cm schneiden und diese auf die Ganache drücken. Die weiße Ganache in einer Küchenmaschine aufschlagen. Aufpassen, dass die Ganache nicht überschlagen wird! Mit Spritzbeutel und Lochtülle die Ganache so dressieren, dass der Fruchtkern nicht mehr zu sehen ist. Deckel drauf und leicht andrücken. Mit der restlichen Ganache kleine Tupfen spritzen. Übrige Kirschen in feine Streifen schneiden und darauf drapieren.

Rezept: Lisa **Rudiger**

Zubereitung: leicht
Trockenzeit: 30 Minuten anziehen lassen
Ergibt 20 Lollipops

BESCHWIPSTE
LOLLIPOPS

TEIG

- 150 g **Biskuitbrösel**
- 100 g **Nougatcreme**
- 2 EL **Kirschwasser** (eventuell mehr)
- 200 g **Zartbitter-schokolade**
- 200 g **Vollmilch-schokolade**
- 50 g **weiße Schokolade**

HILFSMITTEL

- 20 **Papierstiele**

Aus den Biskuitbröseln, dem Nougat und dem Kirschwasser einen gut formbaren Teig herstellen. Wenn die Biskuitbrösel sehr trocken sind, kann es sein, dass man etwas mehr Kirschwasser benötigt. Dei Menge sollte ausreichen, um 20 kleine Kugeln in Pralinengröße daraus zu formen.

Jede Schokolade separat temperieren. Dabei je 70 Prozent der Schokolade auf dem Wasserbad schmelzen, die übrigen 30 Prozent erst anschließend hinzugeben und damit die Schokolade wieder abkühlen. Die optimale Schokoladentemperatur liegt zwischen 29 und 31 Grad.

Nun zuerst die Papierstiele in die temperierte Schokolade tauchen und sie dann in die Biskuit-Kugel stecken, damit sie gut halten.

Anschließend ein Behältnis mit temperierter Vollmilch-Schokolade und eines mit temperierter Zartbitter-Schokolade vorbereiten. Um das marmorierte Muster zu erhalten, mit einem Löffel weiße Schokoladen-Kleckse auf die Oberflächen der beiden Schokoladen verteilen. Nun die Kugel eintauchen (inklusive dem obersten Teil vom Stiel) und beim Herausziehen aus dem Schokobad einfach sanft drehen. Zum Schluss ganz knapp über der Oberfläche halten, bis die kleine Spitze stehenbleibt.

ÜBRIGENS: *Die Lollipops kann man ein bis zwei Wochen aufbewahren. Einfach an einem kühlen, dunklen Ort lagern – aber bitte nicht im Kühlschrank. Denn dort ziehen sie Wasser und bekommen einen unansehnlichen Grauschleier.*

Rezept: Lisa **Rudiger**

- Zubereitung: leicht
- Backzeit: 15–20 Minuten bei 175 Grad
- Ergibt 12 Stück

MIT RHABARBER

ERDBEER-RUM-CUPCAKES

MUFFINS

120 g	**Butter**
120 g	**Zucker**
1 Pr.	**Salz**
2	**Eier**
140 g	**Mehl**
1 TL	**Backpulver**
2 EL	**Haselnusskrokant**

RHABARBERKOMPOTT

200 g	**Rhabarber**
50 g	**Zucker**
½	**Zitrone für Saft**
15 g	**Speisestärke**
3 EL	**Wildbart!-Rum**

TOPPING

200 g	**Sahne**
15 g	**Puderzucker**
1 TL	**Sahnesteif**
12	**Erdbeeren**

HILFSMITTEL

12	**Papierförmchen**
1	**Muffinform**
	Apfelausstecher
	Spritzbeutel mit Lochtülle

Den Backofen auf 175 Grad Ober-/Unterhitze vorheizen. Die zimmerwarme Butter mit dem Zucker und einer Prise Salz cremig rühren, dann die Eier dazugeben. Das Mehl mit dem Backpulver und dem Krokant mischen und alles zusammen zu einem Rührteig rühren. Die Masse auf die 12 Förmchen verteilen und 15 bis 20 Minuten backen.

In der Zwischenzeit für das Kompott den Rhabarber schälen und in kleine Stücke schneiden, dann mit dem Zucker in einen Topf geben und zum Kochen bringen. Speisestärke mit dem Saft der Zitrone anrühren und zum kochenden Rhabarber mischen, bis die Masse andickt. Dann vom Herd nehmen, kurz abkühlen lassen und mit dem Rum glatt rühren. Wenn Ihr für Kinder backt, könnt Ihr den Rum auch weglassen, aber das Aroma ist dann nicht ganz so herrlich ausgewogen.

Die Muffins nach dem Abkühlen zum Beispiel mit Hilfe eines Apfelausstechers aushöhlen und mit dem Kompott füllen.

Für das Topping die Sahne mit Puderzucker und Sahnesteif steif schlagen und auf den Muffin dressieren. Zum Schluss den Cupcake mit einer halben Erdbeere dekorieren.

Rezept: Dorothea **Steffen**

Zubereitung: leicht

Backzeit: 35 Minuten bei 200 Grad

Ergibt 10 Stück

GOLDEN-HERBSTLICHE

WEIN-APFEL-TÖRTLE IM FILOTEIG

ZUTATEN

1	**Packung Filoteig** (10 dünne Blätter)
200 g	**Butter, flüssig**
600 g	**Apfel, gehackt**
4	**Äpfel für die Rosendeko**
300 ml	**trockener Weißwein**
150 g	**Zucker**
80 g	**Stärke**
3	**Eigelb**
½	**Vanilleschote**
1	**Zitrone, abgerieben und ausgepresst**

Die Äpfel schälen, halbieren, Kerngehäuse entfernen, in Scheiben schneiden und dann noch einmal mit dem Messer etwas kleiner hacken. Die Stärke mit etwas kaltem Wein anrühren, Eigelbe einrühren.

Den restlichen Wein mit Zucker, dem ausgekratzten Mark einer Vanilleschote, dem Zitronenabrieb und dem Zitronensaft aufkochen, die angerührte Stärke zugeben und so eine Puddingcreme kochen.

Die gehackten Äpfel unterheben und etwas abkühlen lassen.

Vom Filoteig die Blätter ausbreiten und mit flüssiger Butter bestreichen. Aus jedem Blatt 4 Quadrate schneiden und diese über Eck aufeinanderlegen. Dann eine Muffinform ausfetten und die Quadrate vorsichtig in die Form drücken. Die Muffinform dabei auf Lücke auslegen, also immer eine Mulde leer lassen. Den Ofen auf 200 Grad Ober-/Unterhitze vorheizen.

Die Apfel-Pudding-Masse in die 10 ausgelegten Formen füllen. 4 Äpfel nicht schälen, aber halbieren, das Kerngehäuse entfernen und in sehr feine, gleichmäßige Scheiben schneiden. Etwas Wasser mit Zitronensaft aufkochen und die Apfelscheiben 3 Minuten blanchieren, bis sie weich werden, aber nicht zerfallen. Je 5 Apfelscheiben dachziegelförmig aufeinanderlegen und einrollen, damit eine Rose entsteht. Diese Rose auf die Apfeltörtchen legen und bei 200 Grad für 35 Minuten goldbraun backen. Etwas auskühlen lassen und gleich essen, denn der Filoteig verliert sonst seine Knusprigkeit und wird weich.

TIPP: *Der hauchdünne Filoteig besteht zwar nur aus hellem Mehl, Wasser und etwas Öl – aber die Herstellung erfordert viel Übung. Selbst in der Türkei, Griechenland und dem nahen Osten kauft man Filo daher in der Regel als Fertigprodukt und macht daraus Börek, Spanakopita oder eben feine Törtchen …*

Rezept: Lisa **Rudiger**

Zubereitung: leicht
Backzeit: 2–3 Minuten bei mittlerer Temperatur
Ergibt 10 Dolden

FEIN GEBACKENE
HOLUNDERBLÜTEN

ZUTATEN

10 g Butter
2 EL Zucker
2 Eier
150 g Mehl
200 ml Sekt

10 frisch geerntete Holunderdolden

Butterschmalz für die Pfanne
Puderzucker zum Bestäuben

Bei uns im Schwarzwald, aber vor allem unten im Rheintal findet man Holunderbüsche ja überall. Ab Mai fängt der Holunder an zu blühen, im Juni geht dann richtig die Post ab! Aus den Blüten lässt sich aber nicht nur ein toller Sirup einkochen. Backt sie doch einfach mal aus. Ihr werdet überrascht sein …

Die Butter schmelzen und die flüssige Butter mit dem Zucker verrühren. Nach und nach die Eier einrühren. Nun auch das Mehl dazugeben. Zum Schluss kommt der Sekt zum Teig. Der Teig sollte sehr flüssig sein, mindestens so, wie man es von Pfannkuchen her kennt.

Ob Ihr wie ich die Holunderblüten gut abspült und abschüttelt oder die Blüten weitestgehend so lasst, wie Ihr sie pflückt, ist Euch überlassen. Krabbelviecher müssen auf jeden Fall raus, alles andere hängt ein bisschen davon ab, wo Ihr Eure Holunderblüten sammelt.

Die Dolde am Stil festhalten und in den Teig tunken. Anschließend in einer Pfanne bei mittlerer Temperatur mit ausreichend Fett goldbraun ausbacken und auch dabei am Stil festhalten, sodass nur die Blüten mit dem Teig aufliegen. Das Fett sollte fürs Ausbacken den Boden der Pfanne komplett bedecken.

Mit Puderzucker bestäuben und lauwarm genießen.

TIPP: *Für eine alkoholfreie Variante den Sekt einfach gegen Zitronen- oder Orangenlimonade (mit Kohlensäure) tauschen.*

WEM G'HÄRSCH DU?

VOM MUMMELSEE UND AUS FREIBURG, AUS ST. MÄRGEN, OBERKIRCH, DURBACH UND VOM TITISEE: DIE REZEPTE FÜR DIESES BUCH STAMMEN VON EINIGEN DER TOLLSTEN ZUCKERBÄCKER AUS DEM SÜDWESTEN. HÖCHSTE ZEIT, DIE MENSCHEN VOR DER OFENTÜR EINMAL VORZUSTELLEN!

Ja, es stimmt. Wenn man an Schwarzwälder Backkünste denkt, fällt einem als erstes die Kirschtorte ein. Die muss man einfach draufhaben als Konditor von hier. Logisch! Und doch haben unsere Backkünstler noch so viel mehr auf dem Kasten. Aus Schwarzwälder Früchten, Schokolade & Co kreieren sie die leckersten Torten, Muffins oder Lollipops, backen Kuchen auf dem Grill oder zaubern mit fingerfertigen Händen wahre Kunstwerke aus Zucker. Und wisst Ihr was? Einige der allerbesten Meister von hier konnten wir für unser Backbuch gewinnen. Darauf sind wir stolz! Und Ihr solltet diese Meister ihres Fachs, deren Namen über den Rezepten in diesem Buch stehen, natürlich unbedingt noch ein bisschen näher kennenlernen …

Dorothea Steffens Kuchen sind in Schwarzwald Reloaded leicht zu erkennen. Warum? Weil sie alle quadratisch sind. „So bekomme ich in meine Verkaufsvitrine zwei mehr rein, als wenn sie rund wären", erzählt Dorothea und grinst. Und so kann sich die Kundschaft in ihrer gemütlichen Konditorei in Oberkirch mit integriertem Café über noch mehr Auswahl aus der Backküche von Steffens Feines freuen. Aus der – für die Konditormeisterin ist das eine absolute Selbstverständlichkeit – natürlich nur Hand- und Selbstgemachtes kommt. Ganz gleich, ob Kuchen, Torten, Pralinen oder Herzhaftes: „Das ist doch unser Handwerk", sagt Dorothea dazu. Übrigens: Wie Lisa ist sie seit Jahr und Tag auch regelmäßig im SWR in der Sendung „Kaffee oder Tee" als Ideengeberin zu sehen.

Mit Grillmeister **Gerhard Volk** kann man vieles in Verbindung bringen – vom Dry Aged Flanksteak bis hin zu Brezelknödeln auf Badische Art aus dem Dutch-Oven. Aber Süßes vom Rost? Geht das überhaupt? Und wie! Wer's noch nicht weiß: Das hat der Durbacher auch schon mal bewiesen. In seinem Buch „Desserts vom Grill" zum Beispiel, das er 2015 zusammen mit dem Odenwälder Konditorweltmeister Bernd Siefert gemacht hat. Oder in „Born to Grill", einem umfassenden

Können mehr als nur Kirschtorte: Unsere Rezeptgeber Dorothea Steffen aus Oberkirch, der Durbacher Grillmeister Gerhard Volk (darunter) und Anton Ohnmacht, Chefkonditor im *Berghotel Mummelsee* (rechts)

Grillwerk aus unserem eigenen Verlag, in dem Gerhard 2020 zusammen mit vielen weiteren Grillgrößen aus dem In- und Ausland eben auch jede Menge Süßes auf den Rost legte. „Auf dem Grill kann man eigentlich fast alles machen", sagt Gerhard dazu. Von Anfang an ist er übrigens auch als BBQ-Meister für #heimat Schwarzwald dabei und passt mit seiner Art zu Kochen auch bestens in das süße Metier. Schließlich ist der Grillschullehrer bekennender Perfektionist – eine Eigenschaft, die in der Backstube noch wichtiger ist als in der salzigen Küche. Erst recht, wenn's um Mengenangaben in Rezepten geht. 5 Gramm Ei? „Geht", meint Gerhard. Natürlich nicht in diesem Backbuch, aber „ein Profi sollte mit sowas schon umgehen können."

Eigentlich hat **Anton Ohnmacht** ja einen Arbeitsplatz, um den ihn viele beneiden dürften. Als Konditor im *Berghotel Mummelsee* kann er schließlich jeden Tag hinauf auf diese magische Naturerschönheit blicken – allerdings nur, wenn er mal den Kopf hochbekommt. Denn logischerweise wissen auch die allermeisten Touristen um den Zauber dieses Ortes knapp unterhalb der Hornisgrinde, dem höchsten Berg im Nördlichen Schwarzwald – und dass es hier immer guten Kuchen gibt. So wird der Mummelsee gerade im Sommer immer wieder gern zum Rummelsee. Bis zu 25 Schwarzwälder Kirschtorten backt Anton da dann schon mal an einem Sonntag. Dazu kommen weitere Leckereien aus der Backstube des Hotels von Bärbel und Karl-Heinz Müller. Die Qualität hält Anton trotzdem immer hoch. „Da darf man nie nachlassen, egal wie viel los ist", beschwört der Konditor.

Walburga Rombach und ihre Kuchenbäckerinnen aus St. Märgen haben es nicht nur geschafft, mit ihrem Landfrauencafé Goldene Krone zu sowas wie einem Wallfahrtsort für Schwarzwälder Kuchenfans zu werden. Sie haben dem alten, vom Zerfall bedrohten Grandhotel, in dem einst Persönlichkeiten wie Konrad Adenauer den Schwarzwald genossen, wieder neues Leben eingehaucht.
So ganz aus der Luft gegriffen ist der Vergleich mit dem Wallfahrtsort nicht. Denn das renommierte Hotel war zuvor eine Pilgerherberge. Außerdem sind die Kuchen von Walburga und ihren Mitstreiterinnen einfach nur himmlisch – da sind sich die zahlreichen Gäste einig! Wohl auch, weil hier noch alles frisch und saisonal gebacken wird. Dass hier immer so viel los ist, könnte

Mit Liebe bei der Sache: Spitzenkoch Francesco D'Agostino aus Rheinau, Marina Wiehl aus Herbolzheim (daneben), die Freiburgerin Anja Spittel (unten links) und Walburga Rombach von der Goldenen Krone

aber auch damit zusammenhängen, dass die St. Märgener Damen auch salzig können ...

Marina Wiehl ist eine Überzeugungstäterin. Denn eigentlich war sie mit ihrem BWL-Studium schon auf einem ganz anderen Weg. Doch nach ihrem Studienabschluss tauschte Marina den Taschenrechner gegen den Spritzbeutel und begann eine Ausbildung zur Konditorin. Eine Herzensangelegenheit: „Ich konnte einfach nicht anders, als meiner eigentlichen Leidenschaft zu folgen", erzählt die Südbadenerin, die schließlich noch den Meister dranhing und sich dann mit einem kleinen Foodtruck selbständig machte. Nach Jahren auf Freiburger Märkten und in Schallstadt hat sich die ansteckend fröhliche Konditorin, die es in ihren Rezepten auch gern mal etwas kniffliger mag, mit ihren süßen Gaumenfreuden gerade in einem alten, nun runderneuerten Café an der Herbolzheimer Hauptstraße eingerichtet. Schaut mal vorbei. Es lohnt sich!

Wer in Freiburg Cupcake sagt, muss **Anja Spittel** meinen. Schließlich kommt man bei einem Stadtbummel an der jungen Konditormeisterin, die für ihre kleinen süßen Versuchungen längst auch über die Stadtgrenzen hinaus bekannt ist, kaum vorbei. Das ist auch gut so, denn die ein oder andere süße Pause geht doch immer, oder? Das Gute dabei: In Anjas Homemade Sweets Company an der Schiffstraße kommen Cupcakes, Lollipops oder das hausgemachte Eis immer direkt frisch aus der Küche – weil die so klein ist und überhaupt keinen Lagerplatz hat, gibt's auch gar keine andere Möglichkeit. Gut so! „Frisch ist eh immer am besten", sagt Anja, von der etwa auch die kleinen Schwarzwälder-Kirsch-Cupcakes sind, die Euch gleich am Anfang dieses Buches begrüßten ...

Francesco D'Agostino ist sicherlich vieles: ein Meister der Fusion oder ein Küchenakrobat, der die ganze Welt mit scheinbarer Leichtigkeit auf einen einzigen Teller zaubern kann. Ein Konditormeister ist er aber nicht, dafür aber ein begnadeter Koch, der uns in #heimat Schwarzwald und der Schwarzwald-Reloaded-Reihe schon von Anfang an mit seiner kreativen Küche begleitet und beglückt. In diesem Buch beweist der in Venezuela geborene Koch aus Rheinau, dass es beim Backen eben nicht nur ums Süße geht. Seine Focaccia, sein Maisbrot oder seine Grissini müsst Ihr unbedingt probiert haben! Wenn nicht bei Euch selbst in der Küche, dann geht doch einfach direkt in Francescos Restaurant *Gioias*. Aber der Koch kann auch mit Zucker. Sein sommerlicher Cheesecake jedenfalls mit einem Hauch Zitrone ist ein echter Knaller!

Rezept: Lisa **Rudiger**

Zubereitung: leicht
Backzeit: 15 Minuten bei 200 Grad
Ergibt 6 Eclairs

SCHWARZWÄLDER ECLAIRS

DREISAM-KROKODILE

BRANDTEIG

65 ml	**Milch**
60 ml	**Wasser**
1 TL	**Zucker**
1 Pr.	**Salz**
35 g	**Butter**
75 g	**Mehl**
4 g	**Backpulver**
1	**Ei**

FÜLLUNG

150 ml	**Sahne**
½ Pck.	**Sahnesteif**
15 g	**Puderzucker**
100 g	**Himbeeren/Heidelbeeren**

HILFSMITTEL

Spritzbeutel
große Sterntülle
kleine Lochtülle

Milch, Wasser, Zucker, Salz und Butter zum Kochen bringen. Sobald die Masse kocht, das Mehl mit dem Backpulver auf einmal dazugeben und die Masse abrösten, bis sich ein Belag am Topfboden absetzt und die Masse ein Klumpen ist (siehe Backschule). Anschließend 15 Minuten abkühlen lassen.

Derweil den Ofen auf 200 Grad Umluft vorheizen. Mit einem Handrührgerät das Ei in den Teig einrühren, bis eine homogene, spritzfähige Masse entsteht. Mit einer großen Sterntülle 6 Streifen, die zum Schluss dünner werden, direkt auf ein mit Backpapier belegtes Backblech spritzen. Dabei genügend Abstand einplanen, denn die Streifen gehen beim Backen noch auf. Jetzt 15 Minuten bei 200 Grad goldbraun backen.

Die abgekühlten Eclair längs durchschneiden. Die Sahne mit Zucker und Sahnesteif steif schlagen und in einen Spritzbeutel mit kleiner Lochtülle füllen. Die aufgeschnittenen Eclairs mit Sahne und Beeren füllen und als Krokodile dekorieren.

Das Wort Eclair kommt aus dem Französischen und bedeutet Blitz – ob wegen der Form oder weil sie so schnell gegessen werden? In Deutschland werden Eclairs auch Liebesknochen oder Hasenpfote genannt.

Rezept: Dorothea **Steffen**

Zubereitung: leicht
Backzeit: 10 Minuten bei 240 Grad
Ergibt 10–15 Windbeutel

MIT HOLUNDERBLÜTENSAHNE UND ERDBEEREN

OBERKIRCHER WINDBEUTEL

BRANDMASSE

250 g	**Wasser**
60 g	**Butter**
1 Pr.	**Salz und**
1 Pr.	**Zucker**
160 g	**Mehl**
4	**Eier**

HOLUNDERBLÜTENSAHNE

200 g	**Quark**
180 g	**Holundersirup**
8 Blatt	**Gelatine**
2 cl	**Holunderlikör**
400 g	**Sahne**
500 g	**Erdbeeren**
	Puderzucker

Für den Brandteig Wasser und Butter zum Kochen bringen, Salz und Zucker dazugeben, das gesiebte Mehl zügig in das kochende Wasser geben und so lange rühren, bis sich die Masse kompakt vom Topfboden löst. Dabei bleibt eine dünne Schicht am Topfboden zurück.

Den Ofen auf 240 Grad Ober-/Unterhitze vorheizen.

Die Brandteigmasse jetzt in eine Rührschüssel geben und leicht abkühlen lassen. Mit der Rührmaschine die Eier nach und nach unterrühren.
In einen Spritzbeutel mit Sterntülle füllen und Rosetten mit einem Durchmesser von etwa 5 Zentimetern auf ein mit Backpapier ausgelegtes Blech spritzen. Zwischen den Rosetten genügend Platz lassen, die Windbeutel gehen später noch schön auf!

Die Windbeutel im heißen Ofen für etwa 10 Minuten goldgelb backen, zwischendrin die Ofentür nicht öffnen.

Die Windbeutel auskühlen lassen und waagerecht durchschneiden.

Für die Holundersahne zunächst die Gelatine im kalten Wasser einweichen. Die Sahne schlagen. Quark, Sirup und Likör vermischen, die Gelatine ausdrücken und anwärmen, unter die Quarkmasse rühren und die Sahne unterziehen.

Die Erdbeeren halbieren. Die Sahne in die ausgekühlten Windbeutel füllen und mit den halbierten Erdbeeren belegen. Im Kühlschrank fest werden lassen und dann vor dem Servieren die Deckel aufsetzen und mit Puderzucker bestäuben.

TIPP: *Auch Windbeutel kann man für Gäste ganz gut vorbereiten – schön knusprig aber bleiben sie nicht lange. Daher einfach die Windbeutel in Ruhe backen und die Füllung nur vorbereiten. Kurz vor dem Servieren die Windbeutel bei 175 Grad noch einmal aufknuspern und dann erst füllen.*

Rezept: Lisa **Rudiger** und Francesco **D'Agostino**

Zubereitung: leicht
Backzeit: 15 Minuten bei 200 Grad
Ergibt 8 Stück

SCHWARZWÄLDER
WINDBEUTEL

FICHTENCREME

300 g	**Sahne**
100 g	**Fichten- oder Tannenwipfel** (noch hellgrün und weich)
80 g	**Puderzucker**
	Eingelegte Kirschen

HIMBEERCREME

100 g	**Himbeeren**
15 g	**Zucker**
2 Blatt	**Gelatine**
300 g	**Sahne**
20 g	**Zucker**
1	**Vanilleschote**
	Puderzucker

BRANDTEIG

125 ml	**Wasser**
125 ml	**Milch**
2 TL	**Zucker**
1 Pr.	**Salz**
70 g	**Butter**
150 g	**Mehl**
½ Pck.	**Backpulver**
2	**Eier**

Die Variationen bei der Füllung von Windbeuteln sind natürlich zahlreich. Wir hätten hier mal zwei ziemlich leckere, aber unterschiedliche Varianten – eine klassische mit Himbeeren von Lisa und eine nach Wald duftende von Francesco (auf dem Foto). Natürlich könnt Ihr auch beide gleichzeitig machen. Der dazugehörige Brandteig ist immer derselbe.

Zuerst machen wir uns an die Fichtencreme. Dafür braucht es frische, noch hellgrüne und schön weiche Fichtenwipfel, wie man sie im Frühjahr bei uns im Schwarzwald überall findet. Diese Fichtenwipfel mit der Sahne einmal aufkochen, vom Herd nehmen und mit Frischhaltefolie abdecken. Die Fichtensahne für eine Nacht im Kühlschrank ruhen lassen, am nächsten Tag durch ein Sieb passieren. Kurz vor dem Servieren die passierte Sahne mit dem Puderzucker zu einer Crème Chantilly aufschlagen und damit die Windbeutel füllen.

Für die Himbeercreme Sahne und Zucker steif schlagen. Die Gelatine in kaltem Wasser einweichen. Die Himbeeren pürieren, passieren und mit dem Mark der Vanilleschote kurz aufkochen. In dieser Masse die Gelatine lösen, alles abkühlen lassen und dann unter die geschlagene Sahne heben.

Für den Teig Wasser, Milch, Butter und Zucker zum Kochen bringen. Das Mehl zusammen mit dem Backpulver auf einmal in die kochende Milch geben und die Masse gut abrösten, bis sich ein Belag am Topfboden bildet (siehe Backschule). Die Masse abkühlen lassen, dann mit den Eiern verrühren.

Mit einem Spritzbeutel 16 Kreise auf ein Backpapier dressieren und die Windbeutel bei 200 Grad Umluft 15 Minuten gut braun backen – wenn sie zu hell sind, fallen sie gern wieder in sich zusammen.

Die Cremes zwischen die Windbeutelhälften spritzen, die Fichtencreme mit den Kirschen garnieren.

POWER-BOLLE

Von Lisa **Rudiger** | leicht | 12 Minuten bei 180 Grad | ergibt 40 Stück mit Ø 3 cm

300 g Rosinen
80 g getrocknete Äpfel
150 g Cashewkerne
50 g Ahornsirup
100 g Mandelblättchen

Backofen auf 180 Grad Ober-/Unterhitze vorheizen. Das Backblech mit Backpapier auslegen. Äpfel schneiden und zusammen mit den Rosinen und den Cashewkernen in einen Mixer geben. Alles gut zerkleinern. Dann den Sirup zu den Trockenfrüchten geben und alles nochmals kurz zerkleinern, bis eine klebrige Masse entsteht. Wenn die Masse noch nicht gut zusammenhält, etwas mehr Ahornsirup hinzugeben.

Die Mandelblättchen in eine Schüssel füllen. Nun von Hand aus der Masse Kugeln formen und diese in den Blättchen wälzen und sie leicht andrücken.

Die Bälle etwa 12 Minuten backen. Fertig! (Rezept im Bild)

PALME-BOLLE

Von Lisa **Rudiger** | leicht | 15 Minuten bei 150 Grad | ergibt 24 Stück mit Ø 3 cm

150 g Datteln
10 g Kakaopulver
50 g Cashewkerne
25 g Ahornsirup
50 g feine Kokosraspel

Datteln vorab schon mal halbieren, dann mit den Cashewkernen und dem Kakaopulver in einem Mixer zerkleinern. Den Ahornsirup dazugeben, jetzt nur noch kurz vermengen. Es entsteht eine klebrige Masse. Diese in 24 Portionen aufteilen.

Den Ofen auf 150 Grad vorheizen. Die Portionen einzeln in Kokosraspel drücken und zu Kugeln formen.

Die Kugeln auf ein mit Backpapier ausgelegtes Blech setzen und bei 150 Grad Ober-/Unterhitze 15 Minuten backen.

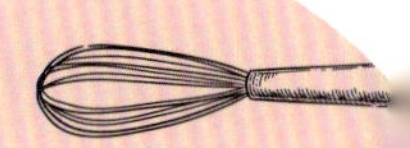

Die Früchte in diesen Rezepten lassen sich beliebig durch andere Trockenfrüchte ersetzen – zum Beispiel Aprikosen. Anstatt in Mandelsplittern oder Kokos kann man die Bällchen am Schluss auch in Haferflocken wälzen.

Rezept: Lisa **Rudiger**

Zubereitung: leicht
Backzeit: 15–20 Minuten bei 175 Grad
Ergibt 12 Cupcakes

MIT BLAUBEEREN UND HIMBEEREN

BEEREN-KÜCHLE

MUFFINTEIG

120 g	**gemischte Beeren**
100 g	**Butter**
2	**Eier**
100 g	**Zucker**
100 g	**Mehl**
½ TL	**Backpulver**
1 Pr.	**Salz**

TOPPING HIMBEERE

80 g	**Himbeeren**
20 g	**Zucker**
2 Blatt	**Gelatine**
125 g	**geschlagene Sahne**

TOPPING HEIDELBEERE

80 g	**Heidelbeeren**
20 g	**Zucker**
2 Blatt	**Gelatine**
125 g	**geschlagene Sahne**

DEKORATION

Püree der Beeren und ganze Beeren

HILFSMITTEL

	Muffinblech
12	**Manschetten oder Butter zum Fetten der Form**
	Spritzbeutel mit Sterntülle

Diese Beeren-Küchle sind schnell gemacht, super lecker und total vielseitig! Ihr könnt statt der Heidelbeeren im Spätsommer natürlich auch Brombeeren nehmen, man kann die Himbeeren auch durch rote Johannisbeeren ersetzen – lasst Euch einfach davon inspirieren, was gerade Saison hat oder was bei Euch im Garten gut wächst!

Den Backofen auf 175 Grad vorheizen. Die zimmerwarme Butter mit dem Zucker und der Prise Salz cremig rühren, dann die Eier dazugeben. Mehl und Backpulver mischen und gemeinsam mit den Beeren zum Teig dazugeben. Alles zu einem geschmeidigen Rührteig rühren. Die Masse auf die 12 Förmchen eines Muffinblechs verteilen und 15 bis 20 Minuten backen.

Die Früchte für das Topping getrennt voneinander pürieren, passieren und mit dem Zucker erwärmen. Die Gelatine in kaltem Wasser einweichen und in den warmen Früchten lösen. Sobald das Fruchtpüree anfängt zu gelieren, in die Sahne ziehen. Kleine Mengen der Pürees für die Dekoration übrig lassen.

Mit einem Spritzbeutel mit Sterntülle je 6 Muffins mit dem Himbeertopping und 6 mit dem Heidelbeertopping verzieren. Anschließend mit etwas Püree und Früchten dekorieren.

Rezept: Lisa **Rudiger**

Zubereitung: mittel
Backzeit: ca. 10 Minuten bei 180 Grad
Ergibt 12 Stück 4 x 11 cm

MIT FEINER MASCARPONE-CREME

ERDBEER-SCHNITTE

BISKUIT

3	**Eier**
100 g	**Zucker**
100 g	**Mehl**
2 EL	**Kakopulver**
½ TL	**Backpulver**
1 Pr.	**Salz**

FÜLLUNG

70 g	**Erdbeeren, fein püriert**
150 g	**geschlagene Sahne**
120 g	**Mascarpone**
50 g	**Puderzucker**

DEKORATION

50 g	**Zartbitter-schokolade**

Für den Biskuitboden den Backofen auf 180 Grad vorheizen und ein Backblech bereitstellen (22 auf 24 Zentimeter). Die Eier trennen und das Eiweiß mit einer Prise Salz und 50 Gramm Zucker steif schlagen. Die Eigelbe mit dem übrigen Zucker in einer zweiten Schüssel schaumig rühren. Zuerst die Eigemische mischen, dann die trockenen Zutaten sieben und unterheben. Die Biskuitmasse auf das Backblech füllen, glatt streichen und circa 10 Minuten bei 180 Grad backen. Nach dem Abkühlen die Biskuitplatte einmal horizontal in der Mitte durchschneiden.

Die fein pürierten Erdbeeren für die Masse erwärmen und die Mascarpone unterrühren. Sahne mit Puderzucker steif schlagen. Dann Erdbeermascarpone mit der Sahne mischen. Die Masse auf dem Biskuitboden verteilen, den Deckel auflegen und andrücken.

35 Gramm der Zartbitterschokolade im Wasserbad schmelzen (bei etwa 40 Grad), vom Herd nehmen und die übrigen 15 Gramm dazugeben. So kühlt die Masse direkt auf 31 Grad ab – die perfekte Temperatur für uns. Wenn sie die Temperatur erreicht hat, die Schokolade in eine Spritztüte füllen und die Schnitte verzieren.

Alles eine Stunde kühlen, dann die Schnitte in etwa 11 mal 4 Zentimeter lange Stücke zurechtschneiden.

Die Schnitte am besten mit einem heißen Messer schneiden. Und noch ein Tipp: Leicht angefroren aus der Tiefkühltruhe schmeckt's fast noch besser …

Rezept: Lisa **Rudiger**

Zubereitung: leicht
Backzeit: ca. 12 Minuten bei 175 Grad
Ergibt 20 Stücke Konfekt

SCHOKO-FRUCHT-HAPPEN

ERDBEER-KONFEKT

KONFEKT

- 20 **kleine Erdbeeren**
- 70 g **Mehl**
- 70 g **Zartbitter-schokolade**
- 60 g **Butter**
- 60 g **Zucker**
- 1 **Ei**
- 1 TL **Kakaopulver**
- ½ TL **Backpulver**
- 1 Pr. **Salz**
- **Butter und Mehl für die Form**

AUSSERDEM

- 2 **Erdbeeren**
- **Zitronenmelisse**
- 1 **backfeste Silikon-form für Eiswürfel**
- 20 **Bambusstäbchen**

Den Backofen auf 175 Grad vorheizen. Die zimmerwarme Butter mit dem Zucker cremig rühren und das Ei dazugeben. Mehl mit Backpulver und Kakao mischen und alles zu einem Rührteig verrühren.

Das Grün von den Erdbeeren entfernen. Die backfeste Eiswürfelform einfetten und mit Mehl ausstreuen. Die Form zu einem Viertel mit dem Teig befüllen, Erdbeeren mit der Spitze nach oben eindrücken, sodass sie im Teig versinken. Nun zwölf Minuten bei 175 Grad backen. Anschließend gut abkühlen lassen und vorsichtig aus der Form lösen.

50 Gramm der Schokolade im Wasserbad bei 40 Grad schmelzen, vom Herd nehmen und die übrigen 20 Gramm dazugeben. So kühlt die Masse direkt auf 31 Grad ab – die perfekte Temperatur für uns. Das abgekühlte Konfekt darin abtunken und mit den Bambusstäbchen, den Erdbeeren und der Zitronenmelisse dekorieren.

TIPP: *Um das Konfekt gut aus der Silikonform zu bekommen, stellt man sie am besten nach dem Backen für 10 Minuten ins Eisfach.*

Rezept: Anja **Spittel**

Zubereitung: knifflig
Backzeit: 60 Minuten bei 175 Grad
Ergibt 40 Stück

SUPERFEINE

SCHOKO-CAKEPOPS

SCHOKOLADENKUCHEN

210 ml	**Vollmilch**
220 g	**Mehl**
1 EL	**Backpulver**
60 g	**Kakao, ungesüßt**
¼ TL	**Salz**
280 g	**Zucker**
80 g	**Butter**
2	**Eier**

GANACHE

80 ml	**Sahne**
120 g	**Kuvertüre (54 %)**

CAKEPOPS

150 g	**Frischkäse**
100 g	**Kuvertüre** für die Stiele
1200 g	**Kuvertüre** zum Glasieren
40	**Cakepop-Stiele**

TIPP: *Anstelle von Kuvertüre kann auch Cakepop-Glasur verwendet werden. Diese ist leichter zu verarbeiten und in verschiedensten Farben erhältlich.*

Den Kuchen am **Vortag** backen: Backofen vorheizen, Backform fetten, mit Backpapier auslegen. Die Milch leicht erwärmen. Mehl, Backpulver, Kakao sieben und mit dem Salz vermischen. Den Zucker zusammen mit der Butter und den Eiern schaumig rühren. Die Mehlmischung im Wechsel mit der erwärmten Milch nach und nach dazugeben, bis sich alle Zutaten zu einem Teig vermischt haben. Den Teig in der Backform für 50 bis 60 Minuten bei 175 Grad backen. Den lauwarmen Kuchen aus der Form lösen und nach dem Auskühlen in Frischhaltefolie wickeln.

Für die Ganache die Kuvertüre in eine Schüssel wiegen, Sahne zum Kochen bringen und darübergeben. Mit einem Schneebesen verrühren und abkühlen lassen. Für den Cakepop-Teig ein Backblech mit Backpapier auslegen. Den Schokoladenkuchen zerbröseln und in eine große Schüssel geben. Die Ganache und den Frischkäse dazugeben und alles gut miteinander vermischen, bis sich ein formbarer Teig gebildet hat. Nun Portionen von je 30 Gramm zu einer gleichmäßigen Kugel formen und auf das Backblech legen. Der Teig muss zwischen beiden Händen etwas gepresst werden, damit er eine kompakte Kugel ergibt.

Kuvertüre schmelzen, die Stiele etwa 1 Zentimeter eintauchen und nun zwei Drittel tief in die Kugeln stecken. Kaltgestellt fest werden lassen. Jetzt zwei Drittel der Glasur-Kuvertüre bei 40 bis 45 Grad schmelzen, restliche Kuvertüre klein hacken und in die flüssige Kuvertüre einrühren, bis diese die Verarbeitungstemperatur von 31 bis 32 Grad erreicht hat. 1 Zentimeter große Tropfen auf Backpapier geben, leicht anziehen lassen und Cakepop darauf absetzen, damit sich ein Fuß bildet. Erneut kalt stellen und fest werden lassen. Nun die Cakepops in die Kuvertüre eintauchen, überschüssige Glasur abfließen lassen. Den Cakepop mit den Zuckerperlen bestreuen, bevor die Kuvertüre fest geworden ist, und auf dem Backpapier absetzen.

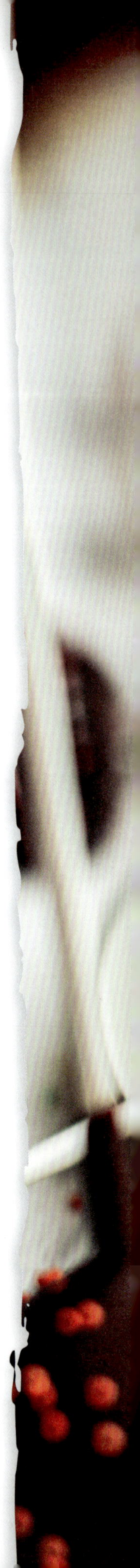

Rezept: Lisa **Rudiger**

Zubereitung: leicht

Backzeit: ca. 10 Minuten bei 180 Grad

Ergibt 24 Stücke mit Ø 4 cm

MIT HOLUNDERBLÜTENSIRUP

MINI-GUGLHUPF

SIRUP

250 g	**Holunderblütendolden (ca. 10–15)**
1	**Zitrone für Saft und Abrieb**
1000 ml	**Wasser**
1000 g	**Zucker**

GUGLHUPF-TEIG

150 g	**Zartbitterschokolade**
60 g	**Butter**
60 g	**Mehl, Type 405**
50 g	**Zucker**
1	**Ei**
2 EL	**Holunderblütensirup**
½ TL	**Kakaopulver**
1 Msp.	**Backpulver**
1 Pr.	**Salz**

Abgeschüttelte Holunderblütendolden und den Abrieb der Zitrone mit einem Liter Wasser in einen Topf geben und für 24 Stunden ziehen lassen. Danach die Dolden fein absieben. Zu dem Wasser den Zucker und den Saft der Zitrone geben und alles aufkochen. Noch heiß in ausgekochte Flaschen füllen.

Den Backofen auf 180 Grad Ober-/Unterhitze vorheizen. Weiche Butter und Salz mit Zucker schaumig rühren. Nach und nach das Ei unterrühren. Die Messerspitze Backpulver und den Kakao mit dem Mehl mischen und kurz unter die schaumige Masse rühren. Zum Schluss die zwei Esslöffel Sirup dazugeben.

Den Teig in einen Spritzbeutel füllen und die gefetteten und bemehlten Gugelhupfformen damit füllen. Im Ofen circa 10 Minuten backen.

Zwei Drittel der Zartbitterschokolade im Wasserbad schmelzen (bei etwa 40 Grad), vom Herd nehmen und die übrige Schokolade dazugeben. So kühlt die Masse direkt auf 31 Grad ab – die perfekte Temperatur für uns. Die abgekühlten Küchlein mit der Glasur verzieren oder sie darin abtauchen.

Wer den Holundergeschmack liebt, kann die Küchlein nach dem Backen noch mit weiterem Holunderblütensirup besprühen oder betupfen. Das macht die Guglhupfe auch noch etwas saftiger. Erst danach werden sie mit Schokolade glasiert.

ES GIBT SO VIELE MÖGLICHKEITEN IN DER SÜSSEN KÜCHE. MAN BRAUCHT NUR ZEIT UND LIEBE – UM SIE ZU FINDEN UND EINFACH UMZUSETZEN …

LISA UND DAS SÜSSE LEBEN

MIT LIEBE UND FREUDE ZU BACKEN UND ZU KREIEREN, IST FÜR LISA RUDIGER DAS A UND O. EIN GLÜCK, DASS WIR DIE KONDITORMEISTERIN FÜR DIESES BUCH ALS MITHERAUSGEBERIN GEWONNEN HABEN – NICHT NUR IHRER BESONDERS KREATIVEN REZEPTE WEGEN …

Es hatte schon ein bisschen was von Nach-Hause-Kommen, wenn wir für dieses Buch – immer wieder montags, da hat der Laden zu – mit Sack und Pack in Lisas Chocolaterie zum Fotoshooting aufschlugen. Die Kaffeetassen standen bereit, die kleinen leckeren Rauchwürstchen vom Metzger gleich gegenüber ebenfalls. Wenn man so viel Süßes an einem Tag vor die Kamera gesetzt bekommt, freut man sich eben auch mal auf was Salziges …
Lisa weiß das. Ihrer Familie – Ehemann Andre, Tochter Liv und Sohnemann Ole – geht es da nämlich ähnlich. „Wir essen zu Hause überhaupt nicht süß", erzählte uns Lisa lachend schon beim ersten Kennenlernen. Kein Wunder also, dass uns unsere Gastgeberin am Ende der Fotoshootings immer auch noch liebevoll die Reste des Tages für das Team zu Hause einpackte. Es isst ja sonst keiner bei ihr. Verkommen darf bitte schön trotzdem nichts. Und das tat es auch nicht. Abnehmer für die köstlichen Kreationen der Konditormeisterin zu finden, war zurück in der heimischen Ortenau schließlich nicht sonderlich schwer.

Lisa ist eine Kümmerin. Eine, die sieben Tage die Woche in ihrer Schokoladenküche steht und die trotzdem das Familienleben perfekt managt. Eine, die mit ihrer Kundschaft oft gleich so herzlich ins Gespräch kommt, dass die Besucher ihres kleinen, etwas abseits gelegenen Geschäfts gleich neben dem Titisee-Neustädter Bahnhof mit dem Gefühl wieder hinausgehen, bei guten Freunden eingekauft zu haben. Sie ist außerdem jemand, der oftmals auch schon auf den ersten Blick erkennt, wie es dem Gegenüber geht. Weil Lisa genau hinsieht. Und geht es einem tatsächlich mal nicht so gut – süße Trostpflaster gibt es bei ihr zur Genüge. Pralinen, Schokoladentafeln, Lollipops. Oder eben die fast immer gute und mitreißende Laune der Hausherrin.

Lisas Leben ist süß. Und das schon seit vielen Jahren. In ihrem Heimatstädtle Neustadt machte sie als junge Berufseinsteigerin im damaligen Café Butsch eine Konditorenausbildung, anschließend ihren Meister in Stuttgart. Danach stand Lisa als Pâtissière in den Küchen großer Hotels, im *Palace Hotel St. Moritz* etwa, und dann noch im *Parkhotel Adler* im nahen Hinterzarten. „In dieser Zeit habe ich auch nach und nach die Liebe zur Schokolade entdeckt", erzählt Lisa.
Also ging sie eines Tages zurück in ihr Elternhaus nach Titisee-Neustadt und baute das ehemalige Sportgeschäft kurzerhand zu einer Chocolaterie um. 2007 war das. In ihrem Umfeld munkelten manche, ob das auch wirklich klappen würde mit dem etwas abgelegenen Geschäft. Zumal Lisa nicht viel später dann auch noch mit Liv schwanger wurde.
Und wie es klappte! Dorthin, wo jede Menge Liebe drinsteckt, kommen Menschen schließlich immer gerne. Nur ein Jahr später klopfte dann auch schon das Fern-

Familienmensch Lisa: Töchterchen Liv ist quasi mit ihrer Mama in deren Schokoladenwerkstatt groß geworden. Ein Schleckermaul ist das Mädchen trotzdem nicht geworden: „Ich mag lieber Salziges.“ Trotzdem hilft sie immer gerne bei ihrer Mutter aus

Perfektionisten am Werk: Während Ulf die schokoladige Kirschtorte à la Lisa ausrichtet, zupft der Profi noch mal die Deko zurecht (oben). Wieviel Schokolade Lisa für die Entstehung dieses Buchs verarbeitet hat (rechts), ist nicht dokumentiert. Fakt ist aber, dass von keinem Kuchen oder Muffin auch nur irgendein Krümel übrig geblieben ist.

Eine gute Vorbereitung ist die halbe Miete: Zum Beginn unserer Shootings waren die Ablagen in Lisas Küche bis auf den letzten Millimeter vollgestellt (rechts oben). Im Laufe des Tages konnte das Produktionsteam da ein bisschen gegenarbeiten und Platz schaffen

sehen an die Tür. Seither fährt Lisa mindestens einmal im Monat nach Baden-Baden, um beim SWR ihre süßen Ideen in der TV-Sendung „Kaffee oder Tee“ an die Zuschauer weiterzugeben – mittlerweile als eine der dienstältesten Expertinnen.

Die Ideen gehen Lisa jedenfalls nie aus. „Es gibt so viele Möglichkeiten in der süßen Küche“, sagt die Chocolatière dazu. Quasi unendlich! Haben muss man die Ideen aber trotzdem. Bei unserem ersten Brainstorming zu diesem Backbuch sprudelte Lisa jedenfalls wie ein Schokoladenbrunnen – also unaufhörlich. 40 Rezeptideen waren schnell notiert, 47 sind es am Ende für Schwarzwald Reloaded 3 geworden. Und in den Rezepten geht es eben nicht nur um Schokolade. Lisa beherrscht schließlich das komplette Einmaleins der süßen Küche.
Und dieses geballte Wissen gibt sie nun auch noch in ihrer Backschule weiter. Das Fotoshooting dazu war übrigens das letzte für dieses Buch. Teige, Saucen, Puddings, Tricks und Tipps – alles noch mal kompakt an einem Montag im August. Lisas Geschäft hatte gerade einen neuen Boden bekommen und war zuvor vier Wochen geschlossen. Die großen Temperierkessel, in denen ansonsten immer die verschiedenen Schokoladensorten brummend vor sich hinkreisten, standen still. Die große Kaffeemaschine war außer Betrieb – für Fotograf Dimitri eine Katastrophe. „Ich hab’ Euch hinten in der Küche eine kleine Ersatzmaschine aufgebaut“, sagte Lisa gleich dazu. Wie hätten wir auch nur eine Sekunde daran denken können, dass uns unsere Gastgeberin mit so einem Problemchen im Stich ließe …

Rezept: Lisa **Rudiger**

Zubereitung: leicht
Backzeit: 60 Minuten bei 175 Grad
Ergibt 1 Kuchen mit Ø 26 cm

MIT DUNKLER SCHOKOLADE

EIERLIKÖRKUCHEN MIT SCHOKO-BODEN

BODEN

80 g	**Butter**
80 g	**Zucker**
1 Pck.	**Vanillezucker**
6	**Eigelbe**
200 g	**gemahlene Mandeln**
1 TL	**Backpulver**
100 g	**geriebene Zartbitterschokolade**
1 EL	**Rum**
1 EL	**Cognac**
6	**Eiweiße**

MASSE

400 ml	**süße Sahne**
2 Pck.	**Sahnesteif**
100 ml	**Eierlikör**
100 g	**Zartbitterschokolade**

Den Backofen auf 175 Grad vorheizen. Einen 26er Springformboden mit Backpapier auslegen.

Die Butter schaumig schlagen, Zucker und Vanillezucker nach und nach unterziehen. Die Eier trennen. Eigelbe kurz verquirlen und zur Butter geben. Zuerst die Mandeln mit dem Backpulver mischen, dann die geriebene Schokolade dazugeben und unter die Buttermasse ziehen. Eiweiß steif schlagen und unter die Butter-Mandel-Masse heben. Die Masse in die Springform abfüllen und eine Stunde bei 175 Grad backen.

Die Sahne mit Sahnesteif und Zucker steif schlagen. Den abgekühlten Boden auf eine Tortenplatte setzen und mit einem Drittel der steifen Sahne komplett bedecken, bis der Boden nicht mehr zu sehen ist. Die übrige Sahne in einen Spritzbeutel mit Sterntülle füllen und der Torte außen einen Rand aufspritzen, sodass der Eierlikör in der Kuchenmitte einen Platz findet und nicht herunterfließen kann.

Den Eierlikör nun in die Mitte gießen und mit Schokoladenraspeln dekorieren. Der Kuchen kann sofort servieren werden.

Damit der Boden perfekt gelingt, muss die Zartbitterschokolade unbedingt mit einer Reibe fein gerieben werden. Nur zerbröseln reicht nicht aus!

Rezept: Marina **Wiehl**

Zubereitung: knifflig
Backzeit: 12 Minuten bei 180 Grad
Ergibt 8 Sandwich-Törtchen

EISKALTE
EIERLIKÖR-HAPPEN

EIERLIKÖR-SAHNE

60 g	**Eierlikör**
20 g	**Zucker**
4 g	**Gelatine**
150 g	**Sahne**

KAFFEE-GANACHE

200 g	**Sahne**
30 g	**Kaffeebohnen**
100 g	**Zartbitterkuvertüre**

MÜRBETEIG

150 g	**Butter**
95 g	**Puderzucker**
25 g	**gemahlene Mandeln**
1 Pr.	**Salz**
1	**Eigelb**
250 g	**Dinkelmehl (630er)**
	Kakaopulver

ZUBEHÖR

Runde Silikonformen (7 cm)
Spritzbeutel
St.-Honoré-Tülle

TIPP: *Die Törtchen 10 bis 15 Minuten vor dem Servieren aus dem Kühlschrank nehmen, dann sind sie schön cremig.*

Am ersten Tag: Für die Eierlikör-Sahne die Gelatine 10 Minuten in kaltem Wasser quellen lassen. Ein Drittel des Eierlikörs in einem Topf leicht erwärmen, die aufgeweichte Gelatine darin auflösen, dann den Rest des Eierlikörs dazugeben. Die kalte Sahne aufschlagen und unter den abgekühlten Eierlikör heben. Die Masse auf vier Silikonförmchen aufteilen und über Nacht in den Gefrierschrank stellen.

Die Sahne für die Ganache mit den Kaffeebohnen in einem Topf aufkochen und abgedeckt für drei bis vier Stunden in den Kühlschrank stellen. Dann die Schokolade fein hacken und beiseitestellen. Die Sahne erneut erhitzen und durch ein Sieb auf die gehackte Schokolade geben. Alles gut verrühren, bis eine homogene Masse entsteht. Auch die Ganache abgedeckt über Nacht in den Kühlschrank stellen.

Am nächsten Tag den Mürbeteig zubereiten. Dafür Puderzucker, gemahlene Mandeln, Salz und Butter cremig rühren, dann das Eigelb einrühren. Zuletzt das Mehl dazugeben und zügig zu einem glatten Teig verkneten. Den Teig mit einer Frischhaltefolie umwickeln und für mindestens eine Stunde in den Kühlschrank stellen. Danach den Teig etwa 4 Millimeter dick ausrollen und Kreise mit 8 Zentimeter Durchmesser ausstechen. Diese halbieren, auf einem mit Backpapier ausgelegten Blech verteilen und für 15 Minuten in den Kühlschrank geben. In der Zwischenzeit den Ofen auf 180 Grad Ober-/Unterhitze vorheizen. Die Mürbeteighälften für 12 Minuten backen. Vollständig auskühlen lassen.

Zum **Anrichten** die Förmchen mit der Eierlikörsahne aus dem Gefrierfach holen, jeweils eines aus der Form lösen und mit einem scharfen Messer in der Mitte durchschneiden. Die Hälften auf die Schnittkante stellen und an beiden Seiten einen Mürbeteig-Halbkreis anbringen. Sollte der Mürbeteig nicht halten, dann die Eierlikörsahne einfach etwas antauen lassen. Jetzt die Kaffeeganache aus dem Kühlschrank nehmen und schaumig aufschlagen, bis eine luftig-cremige Masse entsteht. Die Ganache in einen Spritzbeutel mit Tülle (St. Honoré) geben und zwischen die Mürbeteighälften dressieren. Mit Kakaopulver bestäuben und nach Belieben mit 1 bis 2 Kaffeebohnen dekorieren.

Rezept: Lisa **Rudiger**

Zubereitung: leicht
Backzeit: 30–35 Minuten bei 175 Grad
Ergibt 2 Gläser zu 370ml oder 4 Gläser zu 160ml

LISAS UNVERWÜSTLICHE

RHABARBERLES IM WECKGLAS

TEIG

250 g Rhabarber
30 g Zucker
½ Zitrone
125 g Butter
120 g Zucker
2 Eier
200 g Mehl
½ TL Backpulver
50 g gehackte, geröstete Haselnüsse
1 Vanilleschote

Die halbe Zitrone auspressen. Rhabarber und Zucker mit dem Saft der Zitrone kurz andünsten. Gläser einfetten und mit einem Teil der Haselnüsse bestreuen. Den Backofen auf 175 Grad vorheizen.

Die Gummiringe zum Verschließen der Gläser in kaltem Wasser einweichen. Die Vanilleschote auskratzen. Das Mark mit der weichen Butter und dem Zucker schaumig rühren. Eier nach und nach unterrühren, bis eine gebundene Masse entstanden ist. Rhabarberkompott in die Buttermasse einrühren, Mehl mit dem Backpulver mischen und zur Masse dazugeben. Gläser ohne Deckel 30 bis 35 Minuten backen, kleinere Gläser entsprechend kürzer.

Die Gläser aus dem Ofen nehmen, feuchte Gummiringe sofort auf die Innenseite der Glasdeckel legen und verschließen. Den Kuchen in den Gläsern auskühlen lassen, so wird er wunderbar saftig!

TIPP: *Die Einmachgummis machst Du einfach schön nass und legst sie auf den Deckel. Der muss anschließend gerade drauf sitzen. So schmecken die Rhabarberles 14 Tage wie frisch.*

Rezept: Lisa **Rudiger**

Zubereitung: leicht
Backzeit Teig: 30 Minuten bei 180 Grad | Baiser: 5 Minuten bei 220 Grad
Ergibt 6 Stück Ø 10 cm

DER FEINSTIEG IN DEN SOMMER:

RHABARBER-TARTELETTES

MÜRBETEIG

100 g Butter
50 g Zucker
1 Eigelb
1 Pr. Salz
150 g Mehl
Butter und Mehl für die Förmchen

RHABARBERMASSE

400 g Rhabarber
80 g Zucker
2 Eigelb
100 g Sahne
15 g Puddingpulver

BAISER

3 Eiweiß
80 g Zucker
1 Pr. Salz

HILFSMITTEL

6 Förmchen Ø 10 cm

Zimmerwarme Butter und Zucker miteinander vermischen, dann Eigelb und Salz dazugeben und zum Schluss mit dem Mehl zu einem Teig kneten. Den Teig in Folie wickeln und eine Stunde kühlen.

Den Rhabarber schälen und klein schneiden, mit dem Zucker mischen und kurz erhitzen. Die zwei Eigelbe, Sahne und Puddingpulver mischen und zum warmen Rhabarber dazugeben. Ofen auf 180 Grad vorheizen. Förmchen gut einfetten und mit Mehl bestreuen. Mürbeteig ausrollen und in die Tarteletteformen legen. Rhabarbermasse auf die sechs Tartelettes verteilen und 30 Minuten bei 180 Grad Ober-/Unterhitze backen.

Die drei übrigen Eiweiß mit dem Salz steif schlagen. Den Zucker nach und nach einrieseln lassen. Die Baisermasse auf den Tartelettes verteilen oder sie mit einem Spritzbeutel ausdressieren und fünf Minuten bei 220 Grad Ober-/Unterhitze backen, bis die Spitzen die gewünschte Bräune haben.

TIPP: *Den Baiser musst Du wirklich heiß backen. Der Blick in den Ofen ist deshalb besonders wichtig. Gerade die Spitzen werden schnell zu dunkel.*

Rezept: Walburga **Rombach**

Zubereitung: mittel
Backzeit: 50 Minuten bei 180 Grad
Ergibt 13 Stücke

ZITRONIG-LEICHTE

HOLUNDERBLÜTEN-BAISER-TORTE

BODEN

150 g	**Butter**
150 g	**Zucker**
1 Pck.	**Vanillezucker**
250 g	**Mehl**
3	**Eier**
2	**Eigelb**
50 ml	**Milch**
1 Pck.	**Backpulver**

BAISER

2	**Eiweiß**
150 g	**Zucker**

FÜLLUNG

25 g	**Gelatine**
900 ml	**Sahne**
500 g	**Joghurt**
250 ml	**Holunderblütensirup**
½	**Zitrone**

DEKORATION

geröstete Mandelblättchen
Holunderblüten

Für den Teig für Boden und Deckel Butter, Zucker und ein Päckchen Vanillezucker mit dem Rührgerät schaumig schlagen. Anschließend nach und nach Mehl, 3 Eier, 2 Eigelb, die Milch und das Backpulver dazugeben. Den Teig in einer Springform bei etwa 180 Grad Ober-/Unterhitze für 25 Minuten im vorgeheizten Ofen backen.

Die zwei verbliebenen Eiweiße steif schlagen und langsam den Zucker einrieseln lassen. Den Kuchen kurz aus dem Ofen holen, die Baisermasse darauf verteilen und weitere 25 Minuten bei 180 Grad backen.

Für die Füllung die Gelatine in kaltem Wasser einweichen und die Sahne steif schlagen. Den Joghurt mit dem Holunderblütensirup sowie dem Saft und dem Abrieb der halben Zitrone verrühren. Zum Schluss Gelatine gut einrühren und vorsichtig die steif geschlagene Sahne unter die Masse heben.

Den ausgekühlten Boden aus der Form nehmen und in der Mitte einmal horizontal durchschneiden, sodass zwei Platten entstehen.
Um den unteren Boden einen Tortenring legen und die Sahne-Joghurt-Masse einfüllen. Der Deckel mit dem Baiser schließt das Ganze ab.

Vor dem Kühlstellen kann man die Torte noch mit Sahne-
rosetten, gerösteten Mandelplättchen und weißen Holunderblüten verzieren.

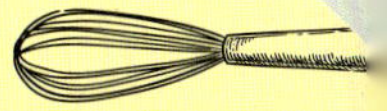

Holunderblüten pflückt man am besten zur Mittagszeit bei Sonnenschein, da sie dann das meiste Aroma entfalten. Legt die Dolden am besten in einen Korb. So werden die Blüten nicht zerdrückt!

Rezept: Lisa **Rudiger**

Zubereitung: mittel

Backzeit: 8 Minuten bei 200 Grad

Ergibt 12 Portionen, Auflaufform 30 x 20 cm

MIT FEINEM BISKUIT-BODEN

ERDBEERLASAGNE

BISKUITROULADE

4 **Eier**
150 g **Zucker**
1 Pr. **Salz**
½ TL **Backpulver**
150 g **Mehl**

ERDBEER-CHUTNEY

600 g **Erdbeeren**
100 g **Zucker**
1 **Zitrone** für den Saft
2 Blatt **Gelatine**

SAHNEFÜLLUNG

350 g **Sahne**
20 g **Zucker**

weiße Schokolade zum Dekorieren

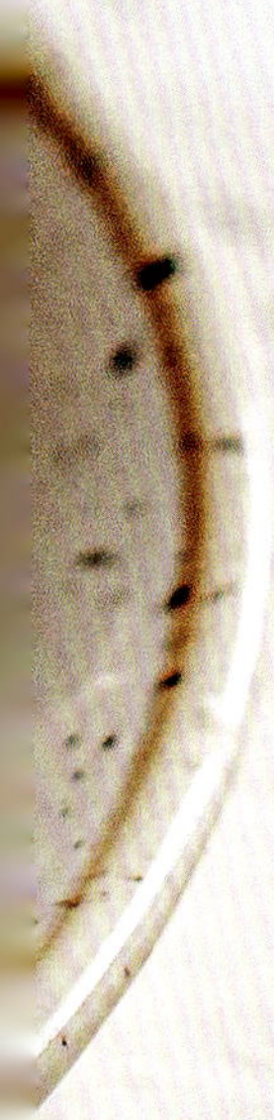

Die Eier trennen. Für die Roulade zunächst die vier Eigelbe mit der Hälfte des Zuckers sehr cremig schlagen. Eiweiß mit dem restlichen Zucker und der Prise Salz steif schlagen. Eigelbcreme unter den Schnee heben. Mehl mit dem Backpulver mischen, auf die Masse sieben und unterheben.

Den Backofen auf 200 Grad Ober-/Unterhitze vorheizen. Ein Backblech mit Backpapier belegen und die Masse gleichmäßig darauf verteilen und verstreichen. Für acht Minuten im Ofen goldbraun backen.

Die Roulade auf die Auflaufform zuschneiden – bei einer Form von 30 auf 20 Zentimetern heißt das: einmal in der Mitte durch. Gelatine in kaltem Wasser einweichen. Fünf Erdbeeren als Deko zur Seite legen, die restlichen Erdbeeren sehr klein schneiden, mit dem Zucker in einen Topf geben und kurz aufkochen lassen. Die Gelatine ausdrücken und in dem warmen Erdbeersud lösen. Anschließend abkühlen lassen.

Sahne mit dem Zucker steif schlagen. Zugeschnittene Roulade in die Auflaufform legen. Das Chutney und die Sahne in zwei Portionen aufteilen. Den erste Teil des Chutneys auf der Roulade verteilen und mit Sahne bedecken. Die nächste Roulade andrücken und den Vorgang wiederholen. Auf die oberste Sahneschicht weiße Schokolade reiben und mit den Deko-Erdbeeren dekorieren.

Vor dem Servieren mindestens eine Stunde kühlen!

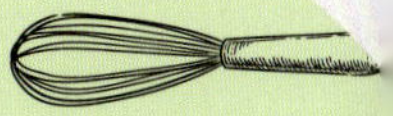

Wichtig ist hier der flach gebackene Biskuit, genannt Roulade. Er ersetzt die Platten der herzhaften Lasagne. Noch eine Parallele: Die Lasagne schmeckt ganz besonders gut schön durchgezogen am Tag nach dem Backen.

Rezept: Walburga **Rombach**

Zubereitung: leicht
Backzeit: 65 Minuten bei 180 Grad
Ergibt 1 Torte mit Ø 28 cm

WÖLKCHENKUCHEN

MÜRBETEIG

300 g	**Mehl**
150 g	**Butter**
100 g	**Zucker**
1	**Ei**
1 Pr.	**Salz**

FÜLLUNG

500 g	**Quark**
120 ml	**Öl**
150 g	**Zucker**
1 Pck.	**Vanillezucker**
1 Pck.	**Vanillepuddingpulver**
1	**Ei**
3	**Eigelb**
500 ml	**Milch**

BAISER

3	**Eiweiß**
250 g	**Zucker**
1 EL	**Mondamin**

Für den Mürbeteig alle Zutaten zu einem gleichmäßigen Teig verkneten. und für mindestens 30 Minuten im Kühlschrank abkühlen lassen. Anschließend den Teig ausrollen, in eine Backform mit 28 Zentimeter Durchmesser geben und den Rand andrücken.

Für die Füllung alle Zutaten außer der Milch glatt zusammenrühren. Erst im Anschluss die Milch unterrühren.

Die weiche Quarkmasse auf den Mürbeteig geben und 45 Minuten bei 180 Grad Ober-/Unterhitze backen.

Währenddessen für den Baiser die 3 Eiweiße sehr steif schlagen, dabei den Zucker einrieseln lassen und das Mondamin unterheben.

Den Kuchen aus dem Ofen nehmen und den Eischnee gleichmäßig darauf verteilen. Mit einem Löffel lassen sich Wellen formen. Nun den Kuchen erneut in den Ofen geben und nochmal 20 Minuten fertig backen.

TIPP: *Um festzustellen, ob Eischnee fest ist, kann man die sogenannte Schnittprobe anwenden: Schneidet man mit einem Messer durch die Masse und der Schnitt bleibt im Eischnee sichtbar, hat die Masse die richtige Konsistenz.*

Rezept: Lisa **Rudiger**

Zubereitung: knifflig
Backzeit: 40 Minuten bei 180 Grad
Ergibt 30 Stück

LISAS LECKERE

OSTERLOLLIS

BISKUIT

- 4 **Eier**
- 200 g **Zucker**
- ½ **Zitrone** für Abrieb und Saft
- 150 g **Weizenmehl,** Type 405
- 50 g **Speisestärke**

FÜLLUNG

- 1 Pck. **Vanillepudding-pulver**
- 80 g **Zucker**
- 500 ml **Milch**
- 250 g **Butter**
- 220 g **Nuss-Nougat-Creme**
- 1–2 EL **Orangensaft,** alternativ: **Kirsch-wasser**

SCHOKO-ÜBERZUG

- 100 g **Zartbitter-schokolade**
- 200 g **Vollmilch-schokolade**
- 100 g **weiße Schokolade**
- 30 **Lollistiele**
- 30 **Pralinenkapseln**

DEKORATION

Zuckerdekor

Für den Biskuit den Backofen auf 180 Grad Ober-/Unterhitze vorheizen. Ein Backblech einfetten und mit Mehl bestäuben.
Eier trennen, Eiweiß zu Schnee schlagen. Eigelb und Zucker gut schaumig rühren. Zitronenabrieb und -saft zugeben, Mehl und Speisestärke daraufsieben. Eischnee beifügen und beides zusammen leicht unter die schaumige Masse heben. Biskuitteig auf das vorbereitete Backblech füllen und im Backofen für etwa 40 Minuten backen. Nach dem Backen den Biskuitteig auskühlen lassen.

Für die Füllung aus Puddingpulver, Zucker und Milch einen Pudding zubereiten. 80 g Zucker verwenden, ansonsten nach Packungsbeilage vorgehen. Pudding in eine Rührschüssel füllen, Frischhaltefolie direkt auf den heißen Pudding legen und erkalten lassen, aber nicht kalt stellen.

Den auf Zimmertemperatur abgekühlten Pudding mit den Rührstäben des Mixers verrühren. Die zimmerwarme Butter in eine Rührschüssel geben, mit den Rührstäben des Mixers geschmeidig rühren und den Pudding esslöffelweise darunterrühren.

Biskuit mit den Händen zu kleinen Bröseln zerkleinern. Die Biskuitbrösel mit der Pudding-Butter-Creme und Orangensaft (oder Kirschwasser) zu einer formbaren Masse vermengen. Die Biskuitmasse mit den Händen zu etwa 30 kleinen Eiern in Größe von Pralinen formen. Die Eier für eine Stunde in den Kühlschrank stellen.

In der Zwischenzeit die verschiedenen Schokoladensorten temperieren. Das heißt, je zwei Drittel der Schokoladen im Wasserbad auf 40 Grad bringen, dann vom Wasserbad nehmen. Die jeweils übrigen Schokoladenteile zur entsprechenden flüssigen Schokolade geben und die verschiedenen Schokoladen alle auf 31 Grad temperieren.

Die gekühlten Eier auf die Lollistiele drücken, in die temperierte Schokolade tauchen und nach Belieben mit Zuckerdekor dekorieren.

Damit die Schokolade nicht am Stiel herunterläuft, schiebst Du die Pralinenkapsel am besten einfach von unten den Stiel hoch an das Ei heran.

MEINE WICHTIGSTE REGEL BEIM BACKEN? GANZ VIEL NASCHEN! VOM TEIG, VOM SCHLECK UND ALL DEN GUTEN DINGEN, AUS DENEN MAN GLÜCK MACHEN KANN!

Rezept: Lisa **Rudiger**

- Zubereitung: leicht
- Backzeit: 35 Minuten bei 180 Grad
- Ergibt 1 Tarte mit Ø 28 cm oder 9 kleine Tartelettes mit Ø 10 cm

ZITRONIG-SÜSSE
KIRSCH-TARTE

KNETTEIG

125 g	**Butter**
75 g	**Zucker**
1	**Eigelb**
1	**Zitrone**
100 g	**gemahlene Mandeln**
1 Pr.	**Zimt**
125 g	**Mehl**
	Butter und Mehl für die Form

RÜHRTEIG

80 g	**Butter**
50 g	**Zucker**
2	**Eier**
80 g	**gemahlene Mandeln**
1 Pck.	**Vanillezucker**
1 EL	**Speisestärke**
800 g	**Kirschen**
	Abrieb der Zitrone (Zitrone s. oben)

ZITRONENGUSS

150 g	**Puderzucker**
	Zitronensaft (Zitrone s. oben)

Den Backofen auf 175 Grad Ober-/Unterhitze vorheizen, die Form fetten und mehlen.

Die Zitrone auspressen und den Saft auffangen. Für den Knetteig Butter, Zucker, Eigelb und die Hälfte des Zitronensafts miteinander vermischen. Die trockenen Zutaten dazugeben und einen Knetteig herstellen. Für kurze Zeit kühl stellen, dann die Form mit dem Teig auslegen.

Für den Rührteig zimmerwarme Butter mit Zucker und Eiern verrühren, dann die trockenen Zutaten dazugeben und mischen. Diese Masse auf dem Knetteig verteilen und zum Schluss die Kirschen andrücken. Die ganze Tarte jetzt etwa 35 Minuten bei 180 Grad Ober-/Unterhitze backen.

Die Tarte nach dem Abkühlen aus der Form holen. Den Puderzucker mit dem restlichen Saft der Zitrone glatt rühren und mit einem Teelöffel wild verteilen. Der Zitronenguss sollte geradeso vom Löffel tropfen. Ist er zu fest, noch einige Tropfen Zitronensaft hinzugeben, ist er zu flüssig, ist er später zu durchsichtig.

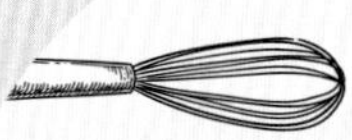

Warum zwei Teige? Während der Knetteig einen herrlich festen Boden ergibt, ist der Rührteig etwas weicher und gibt, neben seinem zarten Marzipangeschmack, den Kirschen Halt.

Rezept: Lisa **Rudiger**

Zubereitung: mittel
Backzeit: 10 Minuten bei 220 Grad
Ergibt 1 Roulade

MEINE FRUCHTIG-LEICHTE

HIMBEER-ROULADE

BISKUITROULADE

5	**Eier**
125 g	**Zucker**
125 g	**Mehl**
2 EL	**Kakaopulver**
20 g	**zerlassene Butter**

HIMBEERMASSE

60 g	**Quark**
300 g	**geschlagene Sahne**
20 g	**Zucker**
200 g	**Himbeeren**
2 Blatt	**Gelatine**

Puderzucker zum Abstäuben

Den Ofen auf 220 Grad Ober-/Unterhitze vorheizen und ein Kuchenblech mit Backpapier auslegen.

Die Eier trennen. Das Eiweiß sehr steif schlagen und dabei den Zucker langsam einrieseln lassen.

Jetzt die verquirlten Eigelbe untermischen. Mehl und Kakao zusammen in die Eimasse sieben. Zum Schluss die zerlassene, aber nur noch lauwarme Butter zugeben.

Die Masse gleichmäßig auf das mit Backpapier ausgelegte Kuchenblech streichen und bei 220 Grad für 10 Minuten backen. Den Biskuit sofort nach dem Backen auf ein Gitter ziehen und auskühlen lassen. Dann auf ein Geschirrhandtuch stürzen und das Backpapier abziehen.

Die Gelatine einweichen. Währenddessen die Sahne mit dem Zucker steif schlagen. Nun die Gelatine mit etwas Wasser erwärmen, bis sie sich auflöst, dann mit dem Quark verrühren. Nun Stück für Stück mit etwas Sahne angleichen. Erst danach alles zur restlichen Sahne geben. Nochmals gut unterheben.

Quarksahne auf die Roulade streichen, Himbeeren eindrücken und mithilfe des Handtuchs einrollen, auf dem der Teig liegt.
Die Rolle eine Stunde kühlen. Zum Schluss mit Puderzucker bestäuben.

TIPP: *Den Biskuitteig auf dem Backblech unbedingt gleichmäßig dick verteilen – auch an den Rändern! Sonst franst die Rolle später aus.*
Beim Backen gut darauf achten, dass der Teig nicht zu trocken oder fest wird, damit er beim Rollen nicht bricht.

Rezept: Francesco **D'Agostino**

Zubereitung: einfach

Backzeit: 10 Minuten bei 200 Grad, 20 Minuten bei 90 Grad

Ergibt 1 Kuchen mit Ø 26 cm

MIT MASCARPONE UND FRISCHKÄSE

CHEESECAKE

BODEN

- 140 g **Butterkekse**
- 85 g **Butter**

FÜLLUNG

- 750 g **Frischkäse**
- 30 g **Mascarpone**
- 20 g **Quark**
- 215 g **Zucker**
- 80 g **Mehl**
- 10 g **Stärke**
- 2 **Zitronen**
- 1 **Limette**
- 30 g **Zitronensaft**
- 4 **Eier**
- 2 **Eigelbe**

Die Butter in einem Topf schmelzen lassen. Die Kekse klein schneiden oder zerbrechen und mit der geschmolzenen Butter zu einer Masse verarbeiten. Diese Masse einfach mit den Fingern in eine Springform drücken.

Die Zitrusfrüchte heiß waschen, dann die Schale abreiben und bereitstellen. Dabei darauf achten, dass nicht zu viel von dem weißen, bitteren Teil der Schale mit abgerieben wird. Am Schluss die Zitrone auspressen.

In einer Rührmaschine den Frischkäse, den Mascarpone, den Quark und den Zucker aufschlagen. Das Mehl und Stärke eingeben. Dann den Abrieb und 30 Gramm Zitronensaft dazugeben. Als letztes dürfen nach und nach die Eier in den Teig. Diese Masse auf den Keksboden gießen und glatt streichen.

Den Backofen mit Ober-/Unterhitze auf 200 Grad vorheizen und den Käsekuchen für 10 Minuten darin backen. Dann die Temperatur auf 90 Grad reduzieren und den Kuchen weitere 20 Minuten backen, danach den Backofen ausschalten und auskühlen lassen.

TIPP: *Nimm Dir Zeit! Bei zu großen Temperaturunterschieden entstehen gern Risse im Käsekuchen. Hol Deinen Käsekuchen daher nach der Backzeit nicht direkt aus dem Ofen, sondern lass ihn für 15 Minuten im Ofen bei leicht geöffneter Tür langsam herunterkühlen.*

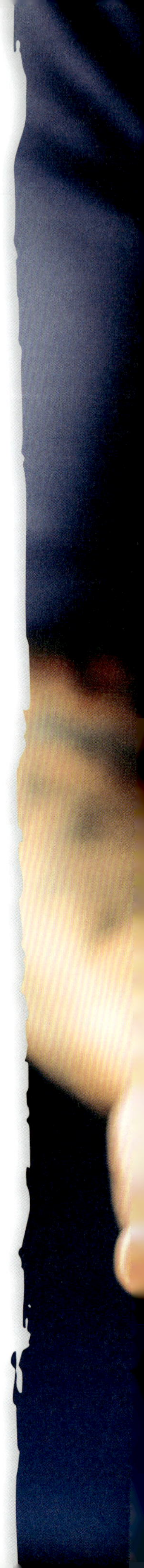

Rezept: Lisa **Rudiger**

Zubereitung: leicht
Kühlzeit: 60 Minuten
Ergibt 1 Tarte 35 x 12 cm

BRÖSELN STATT BACKEN

BROMBEER-TARTE

KEKSTEIG

200 g	**Vollkorn-Butterkekse**
150 g	**Butter**

BELAG

2 Blatt	**Gelatine**
130 g	**Brombeeren**
35 g	**Zucker**
150 g	**Frischkäse**
300 g	**Brombeeren**

DEKORATION

Minze

Die Kekse zu sehr feinen Bröseln zerkleinern. Das kann man mit einer groben Käsereibe machen – ich aber fülle lieber alle Kekse in einen Gefrierbeutel und zerdrücke sie dann mit dem Nudelholz. Aus Bröseln und Butter einen Teig herstellen und in die Form drücken. Gut kühlen.

Die Gelatine in kaltem Wasser einweichen, 130 Gramm Brombeeren pürieren und leicht erwärmen. Gelatine in den warmen Beeren lösen und mit dem Frischkäse zu einer Creme verrühren.

Nun den Teig aus dem Kühlschrank holen und vorsichtig stürzen. Anschließend die Creme in die Form füllen und erneut kühlen.

Zum Servieren mit den restlichen Brombeeren und einigen kleinen Minzblättern dekorieren.

Vegetarier können statt Gelatine Agar-Agar nutzen. Das Bindemittel aus Algen gibt es mittlerweile in jedem Supermarkt. Bei der Zubereitung die Packungsbeilage beachten!

Rezept: Anton **Ohnmacht**

Zubereitung: leicht
Backzeit: 40 bis 50 Minuten bei 165 Grad Umluft
Ergibt 20 Stücke

SUPER SAFTIGER

ZWETSCHGEN-DATSCHI

RÜHRTEIG

200 g	**Butter**
200 g	**Zucker**
1 Pck.	**Vanillezucker**
1 TL	**Backpulver**
4	**Eier**
275 g	**Mehl**

BELAG

1000 g	**Zwetschgen**
	Mandelblättchen zum Bestreuen
1 EL	**Zimtzucker**
	Fett für das Blech

Für den Rührteig Butter, Zucker, Vanillezucker und Eier schaumig rühren und Mehl mit Backpulver unterheben. Den Teig auf einem gefetteten, mittelgroßen Backblech verteilen.

Die entsteinten Zwetschgen oder andere Obstsorten darauf verteilen und mit Zimtzucker und Mandelblättchen bestreuen.

Den Kuchen auf der mittleren Schiene im vorgeheizten Ofen für etwa 40 bis 50 Minuten bei 165 Grad Umluft oder bei 200 Grad Ober-/Unterhitze backen.

TIPP: *Zwetschge oder Pflaume? Zwetschgen eignen sich besser für Kuchen, denn sie haben einen geringeren Wassergehalt und der Boden durchnässt nicht so.*

Rezept: Marina **Wiehl**

Zubereitung: leicht
Backzeit: 20–25 Minuten bei 180 Grad
Ergibt etwa 12 Stück

SUPER SAFTIGE

MOHNSCHNECKEN MIT ZWETSCHGEN

MOHNFÜLLUNG

200 ml	**Milch**
30 g	**Zucker**
15 g	**Stärke**
80 g	**Mohn**
1 Pr.	**Salz**

HEFETEIG

250 g	**Dinkelmehl,** Type 630
40 g	**Zucker**
15 g	**frische Hefe**
1	**Eigelb**
100 ml	**Milch,** lauwarm
70 g	**Butter,** auf Zimmertemperatur
1 Pr.	**Salz**
200 g	**Zwetschgen**
1 Pr.	**Zimt**

TIPP: *Mit frischer Hefe geht Dir dieser Teig wunderschön auf. Und natürlich wird so ein Hefeteig mit Zwetschgen wunderbar saftig!*

Alle Zutaten für die Mohnfüllung in einen Topf geben und mit dem Schneebesen gut verrühren. Unter ständigem Rühren kurz aufkochen, vom Herd nehmen und in eine Schüssel füllen. Die Masse mit einer Frischhaltefolie abdecken, damit sich keine Haut bildet. Zur Seite stellen und abkühlen lassen.

Das Mehl in eine Schüssel geben und in der Mitte eine kleine Mulde formen. Hefe hineinbröckeln, einen Esslöffel Zucker dazugeben und mit einem Teil der Milch vermengen. Zugedeckt für 15 Minuten gehen lassen. Restlichen Zucker, Milch, Butter, Eigelb und das Salz dazugeben und alles mit einem Knethaken etwa 6 bis 8 Minuten zu einem glatten Teig verarbeiten. Die Schüssel abdecken und den Teig an einem warmen Ort etwa 45 bis 50 Minuten gehen lassen, bis sich das Volumen in etwa verdoppelt hat.

Den Ofen auf 180 Grad vorheizen. Den Teig auf einer bemehlten Arbeitsfläche zu einem Rechteck ausrollen (etwa 20 auf 30 cm) und dann die abgekühlte Mohnfüllung darauf verstreichen.

Die Zwetschgen waschen, entsteinen und würfeln. Diese dann auf dem Mohn verteilen und mit einer Prise Zimt bestreuen. Den Teig von der längeren Seite her aufrollen und dann in 12 gleichmäßige Scheiben schneiden. Die Schnecken noch mal leicht eindrehen und dann in eine antihaftbeschichtete Muffinform geben. Bei 180 Grad etwa 20 bis 25 Minuten goldbraun backen.

Rezept: Walburga **Rombach**

Zubereitung: leicht
Backzeit: 60 Minuten bei 180 Grad
Ergibt 1 Kuchen mit Ø 28 cm

GEDECKTER
HEIDELBEERKUCHEN

MÜRBETEIG

300 g	**Mehl**
150 g	**Butter**
100 g	**Zucker**
1	**Ei**
1 Pr.	**Salz**

BELAG

675 g	**Heidelbeeren**

GUSS

3	**Eier**
75 g	**Zucker**
1 TL	**Vanillezucker**
150 g	**geschlagene Sahne**

Alle Zutaten für den Mürbeteig verkneten und in eine 28er-Backform geben, dabei den Rand andrücken.

Die Heidelbeeren auf dem Mürbeteig verteilen und den Kuchen im vorgeheizten Backofen bei 180 Grad Ober-/Unterhitze 15 Minuten backen.

In dieser Zeit Eier und Zucker zusammen schaumig schlagen. Den Vanillezucker und die geschlagene Sahne unterheben. Den Kuchen kurz aus dem Ofen holen und den Guss darauf verteilen. Anschließend nochmal für etwa 35 Minuten fertig backen.

TIPP: *Am leckersten schmeckt der Kuchen mit frischen Waldheidelbeeren. Wer den fertig gebackenen Kuchen noch verzieren möchte, sollte weitere 70 Gramm Früchte einplanen. Auch ein paar Minzblätter sehen toll dazu aus!*

Rezept: Lisa **Rudiger**

Zubereitung: mittel
Backzeit: 15 + 10 Minuten bei 180 Grad
Ergibt 1 Kuchen Ø 28 cm

HEIDELBEER-

BIENENSTICH

HEFETEIG

125 ml Milch
50 g Butter
50 g Zucker
21 g Hefe
250 g Mehl
1 Eigelb
10 g Butter zum Bestreichen

AUFSTRICH

50 g Butter
20 g Honig
60 g Mandelblättchen

FÜLLUNG

1 Pck. Puddingpulver
300 g Sahne
30 g Zucker
125 g Heidelbeeren

Milch, die ersten 50 Gramm Butter und Zucker in einem Topf leicht erwärmen, die Hefe hinzugeben und alles miteinander verrühren. Dann Mehl und Eigelb dazugeben und zu einem Teig verkneten. Diesen auf eine gefettete Springform von Hand anpassen und eine halbe Stunde an einem warmen Ort gehen lassen.

In der Zwischenzeit den Ofen auf 180 Grad Ober-/Unterhitze vorheizen und weitere 10 Gramm Butter schmelzen. Die Teigoberfläche mit der flüssigen Butter bestreichen und das Ganze im Ofen 15 Minuten backen.

Weitere 50 Gramm Butter mit dem Honig im Topf schmelzen und die Mandelblättchen dazu geben. Den Hefekuchen kurz aus dem Ofen holen und die Masse darauf verteilen. Anschließend weitere 10 Minuten backen.

Den Pudding nach Anleitung kochen. Sahne mit dem Zucker steif schlagen, den abgekühlten Pudding und die Heidelbeeren unterheben.

Den Hefeboden in der Mitte durchschneiden und mit der Sahnemasse füllen. Den Bienenstich einige Zeit im Kühlschrank anziehen lassen.

TIPP: *Wenn man den Deckel anschneidet, bevor man ihn auf die Füllung legt, lässt sich der Bienenstich hinterher sehr viel einfacher schneiden.*

Rezept: Walburga **Rombach**

Zubereitung: leicht
Backzeit: 35 bis 40 Minuten bei 180 Grad
Ergibt 1 Törtle mit Ø 18 cm

KIRSCHTÖRTLE

MIT NÜSSEN UND DUNKLER SCHOKOLADE

TEIG

- **40 g Blockschokolade, gehackt**
- **1 Ei**
- **350 g Mehl**
- **250 g Haselnüsse, gemahlen**
- **100 g Mandeln, gemahlen**
- **350 g Butter**
- **270 g Zucker**
- **1 Pck. Vanillezucker**
- **1 Pr. Salz**
- **30 g Kirschwasser**

FÜLLUNG

- **65 g Sauerkirschmarmelade**
- **2 EL Kirschwasser**

Nüsse und Schokolade gepaart mit saftigem Kirschgeschmack sind ein Garant für eine wahre Genussexplosion. Dieses Törtchen ist noch dazu schnell zubereitet und sieht richtig lecker aus, oder?

Alle Zutaten für den Teig verkneten. Ein Drittel des Teigs abtrennen. Eine Kuchenform mit 18 Zentimeter Durchmesser einfetten. Die größere Menge Teig ausrollen und in die Backform legen. Dabei darauf achten, dass ein etwa 2 Zentimeter hoher Rand entsteht.

Für die Füllung das Kirschwasser in die Sauerkirschmarmelade einrühren und auf den Teig in der Backform streichen.

Nun den restlichen Teig ausrollen, ein beliebiges Muster daraus ausstechen und auf die Marmelade in der Mitte des Törtchens legen. Noch einen Rand darumlegen und 35 bis 40 Minuten bei 180 Grad Ober-/Unterhitze im vorgeheizten Ofen backen.

TIPP: *Das Törtle schmeckt das ganze Jahr. Wer mag, kann es zum Beispiel auch wunderbar zur Advents- oder Osterzeit zubereiten. Dann einfach das Motiv in der Mitte gegen ein entsprechendes Bild austauschen.*

Rezept: Dorothea **Steffen**

Zubereitung: leicht
Backzeit: 50 Minuten bei 200 Grad
Ergibt 1 Kuchen 24 × 24 cm

FLUFFIG, FRUCHTIG, SOMMERFRISCH

STACHELBEER BAISER-TARTE

TARTE-TEIG

- **100 g Puderzucker**
- **180 g Butter**
- **250 g Mehl**
- **1 Ei**
- **30 g gemahlene Mandeln**
- **1 Pr. Salz**
- **1 Pck. Vanillezucker**

BELAG UND BAISER

- **1000 g Stachelbeeren**
- **7 Eiweiße**
- **280 g Zucker**
- **70 g Gries**
- **80 g geröstete, gehackte Mandelsplitter**

Für den Tarte-Teig Butter, Zucker und Ei miteinander verrühren, dann die trockenen Zutaten dazugeben und mischen. Die Form mit dem Tarteteig auslegen.

Für den Belag die Stachelbeeren mit einer kleinen Schere von den Enden säubern. Die 7 Eiweiße mit 280 Gramm Zucker zu festem Schnee schlagen.

Ein Drittel der geschlagenen Eiweißmasse wegnehmen, zur Seite stellen. Unter die restliche Eiweißmasse den Gries, die gehackten Mandelsplitter und die Stachelbeeren unterheben. In die Form füllen.

Die restliche Eiweißmasse oben leicht wellig aufstreichen. Bei 200 Grad Ober-/Unterhitze etwa 50 Minuten backen.

TIPP: *Vielen Menschen sind die Stachelbeeren mit ihrer Haut zu hart. Das ändert sich mit diesem Kuchen. Hier drin verarbeitet haben die frischen Sommerfrüchte noch den meisten Beerenskeptikern geschmeckt.*

WO EIN WILLE IST, DA IST AUCH EIN GRILL. ALSO BACKEN WIR BEI 30 GRAD UNSEREN KUCHEN EINFACH AN DER FRISCHEN LUFT!

LIEBLING, ICH HABE KUCHEN GEMACHT!

IM SOMMER WIRD ES BEI UNS IM SÜDWESTEN GERN MAL RICHTIG HEISS. UND DANN LANG IN DER KÜCHE STEHEN, WILL NIEMAND. ALSO VERBINDEN WIR UNSERE LIEBE ZUM LECKEREN DOCH EINFACH MIT EIN BISSCHEN ABENDSONNE UND SCHMEISSEN MAL DEN GRILL AN!

Für uns Männer hat Feuer ja irgendwie eine besondere Bedeutung. Das Statussymbol der Steinzeit, der Inbegriff von Kuscheligkeit mit Rotwein oder Bärenfell, der Geruch von Freiheit und Abenteuer beim Waldspeck... Ganz offenbar gibt es noch immer eine neuronale Vernetzung zu den Höhlen-Mensch-Resten in unserem Unterbewusstsein, die instant anspringt, wenn man ein paar Kohlen zum Glühen bringt, ein Scheit Holz aufs Feuer wirft oder einfach den Gasgrill aufdreht.
Im Sommer nutze ich den Grill daher für so ziemlich alles. Für Steaks und Rippchen natürlich, für Pizza, Quiche und Flammkuchen sowie für Kuchen oder Muffins. Ganz besonders geschickte Grillmeister sollen auch schon Baiser-Eistorten in ihren Grills gezaubert haben, aber das nur am Rande. Auf jeden Fall gibt es Rezepte, die gelingen im Outdoor-Backofen besser als in der Küche: Beim Grillen eines leichten Soufflés zum Beispiel kann auch mal der Deckel geöffnet werden, ohne dass gleich alles zusammenfällt – denn im Grill entsteht beim Öffnen kein Unterdruck wie das in einem normalen Ofen der Fall ist.

Unseren heutigen Donnerstag wollen wir aber mit etwas Handfesterem vergolden. Gerhard ist schon dabei, die Zutaten für den Grillmeisterkuchen mit Curcuma und Landjäger zusammenzurühren, ich mach derweil Feuer und fülle nachher ein paar ausgepresste Orangen-Hälften mit Muffinteig. Das ganze vor der traumhaften Kulisse des Hespengrunds am Rand von Durbach. Hinter uns reift der Wein, über uns kreist ein Bussard, oben auf dem Berg thront Schloss Staufenberg und ich sitze mit dem ersten Bier neben dem Grill und darf den Kohlen beim Anglühen und der Sonne beim Untergehen zuschauen... Herrlich! So geht Feierabend!

Beim Backen im Grill sind ein paar Dinge wichtig. Zum einen muss Euer Grill einen Deckel haben, mit dem man einen Backraum mit heißer Luft schafft. Ganz billige Einweg-Grills (eh nicht gut für die Umwelt) scheiden damit schon mal aus. Mit einem Kugel- oder Gasgrill aber seid Ihr gut ausgerüstet und es ist egal, ob Ihr mit Kohle, Gas oder Strom grillt. Der zweite wichtige Punkt ist das Feuer- oder Temperaturmanagement sowie der Gebrauch eines Thermometers. Ansonsten wird nämlich schnell zu heiß gegrillt und der Kuchen wird außen schwarz und ist innen noch klitschig. Mein Freund Gerhard Volk – von dem auch einige der Rezepte in diesem Buch sind – sagt als Grillmeister völlig zu Recht immer wieder: „Es ist wichtig, dass Ihr das Feuer im Griff habt und nicht das Feuer Euch!“

Und wie macht man das? Mit Mathe und Physik. Bei Gas- und Elektrogrills kann man einfach die Leistung rauf- und runterdrehen. Beim Holzkohlegrill kann man die Hitze durch das Auf- und Zudrehen der Luftzufuhr (weniger Luft = weniger Hitze) regeln oder indem man

Alles ratzfatz gemacht: Der Grillmeisterkuchen (unten) ist schnell zusammengerührt und kommt in einer Kastenform auf den Grill. Die Blaubeer-Muffins in Orangenschalen sind fast noch simpler – aber auch superlecker! Gerhard (rechts im Bild auf der nächsten Seite) und meine Frau Susanne (Mitte) sind jedenfalls begeistert

seine Briketts abzählt. Als grobe Faustregel kann man sich merken: Mit einem handelsüblichen 57-cm-Kugelgrill kommt Ihr mit einem zu einem Drittel gefüllten Anzündkamin auf 180 bis 190 Grad. Bei einem halb gefüllten Anzündkamin auf etwa 240 bis 250 Grad, mit einem kompletten Anzündkamin auf 280 bis 290 Grad. Heißt im Umkehrschluss: Wenn Ihr nicht gerade Pizza backen wollt, braucht Ihr viel weniger Kohle, als man denkt! Und natürlich backen wir mit indirekter Hitze. Kohlen also nach links und rechts, im Gasgrill die äußeren Brenner zünden, Kuchen in die Mitte.
Jetzt gibt es natürlich viele Menschen, die keinen Garten, sondern vielleicht nur einen Balkon und dementsprechend einen kleinen Gas- oder Elektrogrill haben. Solange aber eine Kuchenform unter den Deckel passt, kann man auch die Minis als Outdoor-Backöfen nutzen. Hilfreich ist dann ein Hitzeschild. Das kann eine Alu-Schale mit Wasser unter dem Rost sein oder auch ein Pizzastein, den man kalt auf den Grillrost legt, sodass der Grillprozess nicht durch direkte Hitze von unten, sondern durch die im Garraum zirkulierende Luft in Gang gebracht wird.

Mein Grill ist jetzt langsam auf Touren und steht bei 150 Grad. Dann mal ran ans Rührgerät und den Muffinteig vorbereiten (siehe Seite 142). Wichtig ist, dass man die Orangen nicht zu brutal ausgepresst hat und die Schale auch hinten am Dups noch ganz ist. Meine 100 Prozent biologisch abbaubaren Muffinformen dürfen in einem Muffinblech Platz nehmen. Das macht es einfacher, sie nachher gleichzeitig in den Grill zu stellen, verhindert, dass sie umfallen, und bewahrt den Grill vor überlaufendem Teig. Das ist bei diesem Teig echt ein Thema! Die Orangenschalen daher wirklich nur bis knapp über der Hälfte oder maximal zu zwei Dritteln füllen, sonst gibt's Sauerei.

Kaum sind die Muffins unter der Haube, steigt mir der Duft von Gerhards Grillmeisterkuchen in die Nase. Der Teig ist wunderbar aufgegangen, das Curcuma im Teig sorgt für eine tolle Farbe, die Krume hat schon einen leckeren Knusper, aber gegen den Duft von dem Ding ist das alles nebensächlich. Schnell die Stäbchenprobe! Ist innen auch alles tacko? Oh ja! Also raus mit dem Ding, auf ein Leinentuch stürzen und anschneiden. Der Kuchen ist warm ein Gedicht, schmeckt aber auch kalt großartig und gelingt viel einfacher, als man denkt.
Die Muffins sind unser Nachtisch. Sowie die kleinen Kostbarkeiten soweit abgekühlt sind, dass wir sie in den Finger halten können, hauen wir auch schon die Löffel in den Teig. Und wow! Das Orangenaroma ist unfassbar intensiv. Die Pecannuss ist dazu die perfekte Ergänzung und Heidelbeeren sind sowieso immer super! Wahnsinn, was man in einer knappen Stunde am Grill zaubern kann!

Dass es am Ende trotzdem ein langer Abend wird, hat andere Gründe. Ihr wisst schon: Steinzeit, Höhle, Feuer, Beisammensein, Gemütlichkeit und dann die neuesten Anekdoten von Jägern und Sammlern ...

Rezept: Gerhard **Volk**

Zubereitung: leicht
Backzeit: 50–60 Minuten bei 160 Grad
Ergibt 1 Kuchen für 4 Personen

GERHARDS ORIGINAL

GRILLMEISTER-KUCHEN

ZUTATEN

80 g	**Schalotten**
50 g	**Olivenöl**
	Thymian, gerebelt
130 g	**Beef Bacon** von Schwarzwaldhof
100 g	**Landjäger** Beef-Edition
3 g	**rote Peperoncini**
230 g	**Mehl,** Type 405
10 g	**Backpulver**
3 g	**Kurkuma**
190 g	**Ei**
70 ml	**Weißwein**
130 ml	**Milch**
7 g	**Butter**

Schalotten schälen und fein würfeln. In Olivenöl bei mittlerer Hitze glasig schwitzen und abkühlen lassen. Beef Bacon in Streifen und Landjäger in kleine Würfel schneiden. Peperoncini waschen und samt Kernen in sehr feine Ringe schneiden.

Mehl in eine Schüssel sieben, Kurkuma und Backpulver untermischen. Eier, Weißwein und Milch zur Mehlmischung geben und zu einem glatten Teig verrühren. Angeschwitzte Schalotten, Beef Bacon und Landjäger unterrühren. Eine passende Kastenform ausbuttern, den Teig einfüllen.

Den Grill für indirektes Grillen bei 160 Grad vorbereiten. Die Kastenform auf die indirekte Zone des Grills stellen und bei geschlossenem Deckel etwa 50 bis 60 Minuten grillen. Wenn Ihr lieber mit dem Ofen arbeitet – geht auch! Dann mit Umluft für 45 Minuten bei 160 Grad.

Den Kuchen vor dem Stürzen einige Minuten ruhen lassen, dann auf einen Rost stürzen und etwas abkühlen lassen. Der pikante Kuchen passt als Snack zu Wein, Bier oder auch zu einem Salat.

TIPP: Probier das doch einfach mal zur nächsten Grillparty. Mit einem herzhaften Kuchenrezept wie diesem überzeugst Du backfaule Grillfans und umgekehrt finden Backverrückte zum Grill.

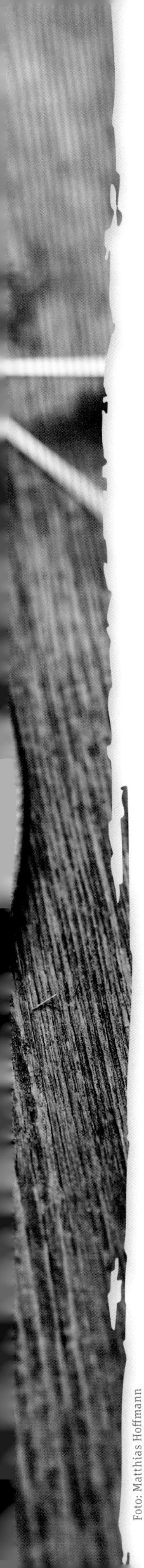

Foto: Matthias Hoffmann

Rezept: Gerhard **Volk**

Zubereitung: leicht

Grillzeit: 20–25 Minuten bei 160 bis 180 Grad

Ergibt 8 Törtchen

CHEESECAKE AUS DEM GRILL

ZEDERN-KÜCHLE

KUCHENBODEN

25 g Macadamianüsse
90 g Zwieback
20 g Zucker
20 g Butter
2 g Zimt
50 g Eigelb

Räucherwraps
Bratenschnur
Pizzastein

FRISCHKÄSEMASSE

350 g Frischkäse
90 g Mascarpone
90 g Vanillezucker
20 g Mehl (Type 405)
Orangenabrieb nach Geschmack
50 g Eigelb

TOPPING

8 Erdbeeren
8 Zweige Minze

Bei jedem guten Grillhändler gibt es dünn gesägte Holzblätter, sogenannte Wood Wraps zum Einschlagen von Grillgut, das ein leichtes, süßes Raucharoma kriegen darf. Für unsere Zedern-Küchle vom Grill nehmen wir solche Wraps aus Zedernholz (Red Cedar). Aus zwei dieser Wraps schneiden wir nun acht gleich große Stücke und weichen diese mit der Bratenschnur für 30 Minuten in Wasser ein. Den Pizzastein derweil mit Backpapier aus-, aber noch nicht in den Grill legen …

Für den Kuchenboden alle Zutaten in der Küchenmaschine verarbeiten, bis eine bröselige Masse entstanden ist. Für die Käsemasse Frischkäse, Mascarpone, Vanillezucker, Mehl, Orangenabrieb und Eigelb in eine Rührschüssel geben und glatt verrühren.

Wood Wraps mit der Faserrichtung zu acht Ringen formen, mit der gewässerten Schnur fixieren und auf den Pizzastein stellen. Die Gebäckbrösel-Masse als Boden in den Ringen verteilen, leicht andrücken und die Frischkäsemasse darauf verteilen.

Den Grill mit indirekter Hitze auf 160 bis 180 Grad vorbereiten. Den kalten Pizzastein auf die indirekte Zone oder auf einem Hitzeschild in den Grill stellen. Grilldeckel schließen und die Törtchen 20 bis 25 Minuten grillen. Dann den Pizzastein samt Törtchen aus dem Grill nehmen und einige Minuten abkühlen lassen.

Die Erdbeeren waschen und in Spalten oder Scheiben schneiden. Das Wood öffnen, die Cheesecake-Törtchen auf Tellern anrichten und mit Erdbeeren und Minze garnieren.

TIPP: *Verwendet saisonale Früchte für die Garnitur und reicht die Törtchen mit einer Sauce Eurer Wahl. Ganz wichtig: Der Pizzastein muss kalt sein, damit der Kuchenboden nicht anbrennt!*

Rezept: Gerhard **Volk**

Zubereitung: leicht
Grillzeit: 25 bis 30 Minuten bei 140 bis 150 Grad
Ergibt 10 Muffins

IN DER ORANGENSCHALE

BLAUBEER-MUFFINS

MUFFINS

150 g	**Mehl,** Type 405
10 g	**Backpulver**
6 g	**Natron**
70 g	**Zucker**
70 g	**Butter**
100 g	**Naturjoghurt**
1	**Vanilleschote**
1	**Ei** (Größe L)
130 g	**Blaubeeren**
5	**Orangen**
50 g	**Pekannüsse**
30 g	**Blaubeeren**

Mehl in eine Schüssel sieben, Backpulver, Natron und Zucker beifügen und vermischen. Butter in einem Topf verflüssigen, Joghurt einrühren. Die Vanille ausschaben und mit dem Ei zur Butter-Joghurt-Masse dazugeben, gründlich verrühren und nun leicht unter die Mehlmischung heben. Nicht zu stark vermischen! Zum Schluss einen Teil der gewaschenen Blaubeeren unterheben.

Die Orangen heiß waschen, gründlich abreiben, halbieren und aushöhlen – am besten mit einer Orangenpresse. Die ausgehöhlten Orangen in ein Muffin-Blech setzen. Die Orangenhälften maximal zu zwei Dritteln mit der Muffinmasse befüllen. Mit ein paar Blaubeeren und den Pecannüssen belegen.

Den Grill für indirektes Grillen bei 140 bis 150 Grad vorbereiten. Gefüllte Orangen auf die indirekte Zone des Grills stellen und bei geschlossenem Deckel für etwa 25 bis 30 Minuten grillen. Aus dem Grill nehmen und abkühlen lassen.

Wer die Muffins nicht im Grill machen möchte – auch kein Problem. Bei 140 Grad Ober-/Unterhitze werden die Muffins auch im Elektroofen wunderbar. Um ein Umkippen zu vermeiden, hilft auch hier ein Muffinblech.

TIPP: *Die ausgeschabte Vanilleschote in Zucker einlegen und zu Vanillezucker verarbeiten. Den ausgepressten Orangensaft könnt Ihr gleich trinken oder für andere Leckereien verwenden …*

DIE GROSSE ERNTE

BEI UNS IM SCHWARZWALD HABEN STREUOBSTWIESEN EINE LANGE TRADITION UND GEHÖREN EINFACH ZUM LANDSCHAFTSBILD. ES IST HERRLICH, WIE IM FRÜHJAHR TAUSENDE BÄUME WEISS BLÜHEN – UND DANN DEN HERBST MIT IHREN FRÜCHTEN VERGOLDEN

Ich liebe den Herbst. Mehr als den Frühling, den Sommer oder den Winter. Es ist ja richtig, dass alle Jahreszeiten ihren Reiz haben, gerade bei uns im Schwarzwald, aber der Herbst ist einfach nicht zu toppen. Die Farben, der Duft, das Wetter: einfach herrlich! Und denkt nur mal an die unzähligen kulinarischen Möglichkeiten, die sich zwischen Rhein und Reben, lichten Streuobstwiesen und dunkel bemoosten Schwarzwald-Tälern auftun …

Am liebsten würde ich zwischen September und November nur an zwei oder drei Tagen in der Woche arbeiten, um meine Lieblings-Jahreszeit in vollen Zügen zu genießen: auf ausgedehnten Streifzügen durch den Schwarzwald, auf der Suche nach Pfifferlingen, Steinpilzen und Parasol. Ich liebe es, wenn mit mir und meiner Familie auch der Nebel zwischen den Bäumen umherstreift und wir gemeinsam die Kraft der Natur erleben. Die Japaner nennen das Shinrin-Yoku. Baden im Wald. Wohltuend für die Seele und den Geist.

Manchmal aber muss es gar nicht der Wald sein, sondern die Streuobstwiese. Mit meinem Freund Stephan Fuhrer und Streuobst-Alleswisser Lutz Weide habe ich vor Jahren ein Stück Land gepachtet, auf dem knapp zwei Dutzend Bäume stehen. Zwei Mirabellen, diverse alte Apfelbäume, irgendwann sollen noch eine Walnuss und vielleicht eine Birne dazukommen. Einen weißen Klarapfel gibt es schon, der im August schon trägt und die besten Früchte für Apfelmus liefert. Jetzt im Herbst aber geht es an die anderen alten Sorten. Noch nicht an den Winterrambur, der braucht noch ein paar Wochen. Der Schöne aus Boskoop aber, die Goldparmäne, unsere Renetten und der Danziger Kantapfel sind reif und warten darauf, für Kuchen oder Saft vom Baum geschüttelt oder aufgelesen zu werden. Für mich hat das etwas Meditatives. Sehr gern fahre ich am Sonntagmorgen mit dem großen Auto raus zur Wiese. So früh wie möglich.

Auch heute liegt noch Tau auf der Wiese. Es duftet nach Äpfeln, nach Erde, nach Heimat – und es ist nichts zu hören. Kein Wind, kein Straßenlärm, einfach nichts. Eine Amsel zerrt an einem Regenwurm, auf dem Strohballen nebenan sitzt ein Bussard und wartet auf Beute. Offenbar ist Frühstückszeit – und testen muss man den Reifegrad der Äpfel ja eh, oder?

Nach zwei Früchten wird aufgeräumt. Gute Äpfel kommen in die Kiste, die anderen fliegen an den Stamm und werden dort zum Festmahl für Igel, Mäuse und was hier sonst noch alles lebt. Jeden Apfel fassen wir an. Hochnehmen, angucken, wegpacken. Kopfüber. Am Ende werde ich es wieder im Rücken merken, aber ganz ehrlich: Der Kuchen, den wir heute später mit dem Boskoop backen werden, wird dadurch nur noch besser schmecken.

Erntezeit im Schwarzwald! Auf den Streuobstwiesen ist das nach wie vor Handarbeit.
Nur so, sagen Streuobst-Liebhaber wie Lutz Weide, findet man die perfekten Früchte für hochwertige Brände, leckeren Saft und natürlich großartige Apfelkuchen …

Apfel-Yoga mit Lutz und Stephan am Sonntagvormittag: Erst wird die Landezone für die heutige Ernte freigeräumt, dann schütteln wir unsere Bäume Ast für Ast durch und lesen dann die reifen Äpfel auf. So ist sichergestellt, dass die Früchte alle den perfekten Reifegrad haben

Nach den ersten fünf Bäumen brauch' ich eine Pause. Einmal recken und strecken. Den Blick gleiten lassen über die hochgewachsene, weit verzweigte Goldparmäne. Seit mindestens 1510 steht die in der Normandie entstandene Königin der Renetten (so die wörtliche Übersetzung von Reine des Reinettes) in Gärten und auf Wiesen. Ludwig XIV. hat von diesen Äpfeln gekostet, Napoleon ist dran vorbeigestiefelt, der alte Bismarck sowieso und jetzt wir. Aus dem Sortiment des modernen Erwerbsanbaus aber ist die Goldparmäne nahezu verschwunden, da sie krankheits- und schädlingsanfällig ist sowie viel Sachverstand beim Schnitt und der Pflege erfordert.

Wie alt wird unser Baum sein? 50 Jahre? Das wird nicht reichen. Wahrscheinlich eher 100. Er trägt nicht mehr toll, hat zu viel Quirlholz, ist anfällig für Schorf und Mehltau und manchmal drücken sich die Früchte gegenseitig vom Ast – aber schlimm ist all das nicht. Auf Pflanzenschutz verzichten wir auf unserer Streuobstwiese schon aus Prinzip. Pestizide oder Insektizide sind hier seit Jahrzehnten nicht mehr zum Einsatz gekommen. Für uns bedeutet das: In einem Jahr gibt es reichlich Früchte, dann wieder fällt die Ernte aus. So ist das eben, wenn man nicht auf Hochleistungssorten setzt, die mit fast maschineller Effizienz, mit Hagelschutznetzen und automatischer Bewässerung Jahr für Jahr eine reiche Ernte fast schon garantieren.
Wer im Schwarzwald seine eigenen Äpfel kultivieren möchte, wird auf speziellen Streuobstwiesen-Börsen im Internet schnell fündig. Es gibt immer wieder Menschen, die ihre Wiese abgeben oder verpachten wollen, weil ihnen das Obst übers Jahr eben doch viel Arbeit macht. Für ein paar Euro gibt es kleine Pflanzungen mit Zwetschgen bei Bühl, ein paar Kirschbäume im Renchtal (wegen der Kirschessigfliege aber eher etwas für Leute, die sich auskennen) oder auch mal gemischte Wiesen, wo zwischen den Äpfeln noch Mirabellen, Birnen oder Quitten stehen.

Jetzt aber weiter! In den nächsten Baum klettern, sachte schütteln und die Früchte auflesen. Die anderen werden Tafelobst oder wandern in den gedeckten Apfelkuchen, der uns den Sonntagnachmittag versüßen wird. Vielleicht machen wir auch noch Apfelstrudel oder leckeres Apfelbrot? Den größten Teil der Äpfel aber werden wir zu Saft verarbeiten lassen, im ganzen Schwarzwald finden sich dafür Mostereien wie die der Baumanns in Rheinhausen, die einem die eigenen Äpfel pressen und in Flaschen oder Bags abfüllen. Apfel um Apfel wandert dafür in Eimer, Kisten und Säcke. Ein Zentner ist schnell zusammen, dann drei, später werden es sieben oder acht sein.
Unsere Kinder mögen die Apfelsportstunde am Sonntag nicht so sehr, um es mal vorsichtig auszudrücken. Vielleicht ist es ihnen zu monoton – aber ich liebe genau das. Äpfel auflesen: Das ist wie Yoga. Man reckt sich, streckt sich, dehnt sich und kann meditativ mal wieder zu sich selber finden. Der ganze Stress einer langen Woche bleibt hier zwischen den Bäumen liegen, und ich finde: Das ist genau die richtige Stimmung, um gleich das große Backen zu beginnen!

Rezept: Lisa **Rudiger**

Zubereitung: mittel

Backzeit: 30 + 12 Minuten bei 180 Grad

Ergibt 1 Kuchen mit Ø 28 cm

GEDECKTER

APFELKUCHEN

MÜRBETEIG

220 g	**Butter**
110 g	**Zucker**
1	**Eigelb**
1 Pr.	**Salz**
330 g	**Mehl**

FÜLLUNG

8	**Äpfel** (1,5 kg)
50 g	**gemahlene Haselnüsse**
25 g	**gehackte Walnüsse**
1 Pck.	**Puddingpulver**
1 EL	**Puderzucker**
1 Pr.	**Zimt**

FLORENTINERMASSE

25 ml	**Sahne**
10 g	**Butter**
10 g	**Zucker**
½ TL	**Honig**
60 g	**Mandelblättchen**
60 g	**Mandelstifte**

Für den Mürbeteig die zimmerwarme Butter mit Zucker und Salz zuerst glatt arbeiten, dann mit Ei und Mehl zu einem Teig verarbeiten. Den Teig im Kühlschrank für mindestens eine Stunde ruhen lassen. Bei mir geschieht das einfach in einer Schüssel, die ich mit Klarsichtfolie abdecke.

Für die Füllung zunächst die Äpfel schälen und grob raspeln. Diese Apfelraspeln dann ausdrücken, damit der Saft aus den Äpfeln den Kuchen nicht zu sehr tränkt.

Gemahlene Haselnüsse mit den gehackten Walnüssen in einer Pfanne rösten. Nüsse, Puddingpulver, Zucker und Zimt mischen, dann zu den geraspelten Äpfeln geben und mit der Hand gut mischen. Zwei Drittel des Mürbeteigs ausrollen und die zuvor gut eingefettete und leicht mehlierte Form damit auskleiden.

Die Apfelfüllung hineingeben. Den restlichen Mürbeteig ausrollen und die Apfelfüllung damit abdecken. Den Deckel mit einer Gabel ein paarmal einstechen und den Kuchen bei 180 Grad Ober-/Unterhitze 35 Minuten im Ofen backen.

Für die Florentinermasse Sahne, Butter, Zucker und Honig zum Kochen bringen, dann die Mandeln zur Buttermasse geben, nach 30 Minuten Backzeit den Kuchen aus dem Ofen nehmen und die Masse auf den Deckel verteilen. Der Kuchen kommt wieder für 12 Minuten in den Ofen, bis die Florentinermasse karamellbraun ist.

TIPP: *Die Backzeit variiert, je nachdem wie saftig die Äpfel sind. Daher lohnt sich der Blick in den Ofen. Auch für die Florentinermasse. Die kann je nach Ofen unterschiedlich karamellisieren.*

Rezept: Gerhard **Volk**

Zubereitung: mittel

Backzeit: 15 Minuten bei 220, 30 Minuten bei 170 Grad

Ergibt 1 Tarte mit Ø 26 cm

KOPFÜBER GEBACKENE

TARTE TATIN

ZUTATEN

6	**Äpfel, Braeburn**
150 g	**Zucker**
100 ml	**Wasser**
80 g	**Butter**
350 g	**Blätterteig**

Tarte-Form (26 cm)

Crème Fraîche als Begleitung

Der Legende nach soll die Tarte Tatin im 19. Jahrhundert von den Schwestern Tatin aus Lamotte-Beuvron zufällig erfunden worden sein. Ein von den beiden Damen zubereiteter Apfelkuchen sei ihnen aus den Händen auf die Apfelseite gefallen. Daraufhin hätten sie ihn mit der Fruchtseite nach unten wieder in die Form gelegt, mit frischem Teig bedeckt und noch einmal gebacken. Ob's stimmt? Keine Ahnung! Aber lecker ist der Kopf-über-Kuchen der Franzosen allemal!

Den Grill für indirektes Grillen mit 220 Grad vorbereiten. Die Äpfel schälen, entkernen und in gleich große Spalten schneiden. Eine Tarte-Form mit mit 26 Zentimeter Durchmesser mit Butter einfetten. Die kühlschrankkalte Butter in kleine Würfel schneiden und bereithalten. Den Zucker in einer Pfanne zu Karamell schmelzen, mit dem Wasser ablöschen und mit einem Holzlöffel glatt rühren. Das heiße Karamell in die Tarte-Form gießen und gleichmäßig verteilen.
Jetzt sofort und zügig die Äpfel dicht an dicht anlegen und mit den Butterstücken belegen. Zum Abdecken den Blätterteig auf die Form zuschneiden, mit einer Gabel mehrmals einstechen und auf die Äpfel und die Butter legen.

Die Tarte-Form auf die indirekte Zone in den Grill stellen. Den Deckel des Grills schließen und 15 Minuten bei anfangs vollen 220 Grad angrillen. In dieser Zeit darf die Temperatur langsam auf 170 Grad fallen. Dann bei 170 Grad weitere 30 Minuten fertig backen.

Die Tarte aus dem Grill holen und mindestens 30 Minuten auskühlen lassen. Wenn sich in der Tarte-Form überschüssiger Saft gebildet hat, kann dieser in einer Pfanne als Sauce eingekocht werden. Die Tarte auf ein Kuchengitter stürzen und: fertig!

Ob die Tarte Tatin auch im Ofen gelingt? Aber klar! Einfach mit Ober-/ Unterhitze bei anfangs 220 und später 170 Grad arbeiten.

TIPP: *Die Tarte Tatin kann übrigens auch mit anderen Früchten wie Quitten, Aprikosen oder Birnen zubereitet werden. Und: Ein Löffel Sauerrahm, etwas Crème fraîche oder auch eine Kugel Vanilleeis passen perfekt!*

Foto: Matthias Hoffmann

Rezept: Anton **Ohnmacht**

Zubereitung: leicht
Backzeit: 50 Minuten bei 180 Grad
Ergibt 3–4 Stücke

UNSER TRADITIONELLES

APFELBROT

ZUTATEN

500 g	**Äpfel**
100 g	**Zucker**
100 g	**Rosinen**
100 g	**ganze Haselnüsse**
2 EL	**Zitronensaft**
1 TL	**Lebkuchengewürz**
1 EL	**Kakao**
250 g	**Mehl**
1 Pr.	**Salz**
1 TL	**Backpulver**

Wenn draußen der Herbstwind ums Haus bläst und dicke Wolken am Himmel hängen, ist das Apfelbrot ein echter Stimmungsaufheller. Mit seinen saisonalen, heimischen Früchten schmeckt es toll, ob zum Frühstück oder am Nachmittag zu einer Tasse Tee. Wer mag, streicht etwas Butter oder Marmelade darauf – nötig hat das unser Apfelbrot aber nicht, denn es ist wunderbar saftig und noch dazu ganz einfach zubereitet.

Die Äpfel schälen, das Kerngehäuse entfernen und würfeln. Dann mit Zucker, Rosinen, Nüssen und dem Zitronensaft mischen und eine Stunde ziehen lassen.

Mehl und Backpulver sieben und zusammen mit dem Kakao, der Prise Salz und dem Lebkuchengewürz vorsichtig unter die Masse kneten. Der Teelöffel Backpulver und Lebkuchengewürz sowie der Esslöffel Kakao dürfen ruhig gehäuft sein.

Den Teig in drei bis vier Brote portionieren und im vorgeheizten Ofen bei 180 Grad Ober-/Unterhitze für 50 Minuten backen.

TIPP: *Wer mag, kann den Teig auch in eine große Kastenform geben und ein einzelnes Brot daraus machen. Die Backzeit verlängert sich dadurch um 5 bis 10 Minuten.*

Rezept: Marina **Wiehl**

Zubereitung: knifflig

Backzeit: 20 Minuten bei 180 Grad

Ergibt 12 Törtchen

MIT BRATAPFEL UND FEINEN WALNÜSSEN

TARTELETTES

APFELSCHICHT

- 6 **saure Äpfel**
- 50 g **Honig**
- 40 g **Butter**
- 50 g **Puderzucker**
- 60 g **Sahne**
- 6 g **Gelatine**
- 1 Pr. **Salz und Zimt**

MÜRBETEIG

- 150 g **Butter**
- 95 g **Puderzucker**
- 1 Pr. **Salz**
- 1 **Eigelb**
- 250 g **Dinkelmehl** (630er)

WALNUSSCREME

- 100 g **weiche Butter**
- 80 g **brauner Zucker**
- 100 g **Walnüsse**
- 10 g **Kartoffelstärke**
- 1 **Ei**

VANILLECREME

- 200 ml **Vollmilch**
- 25 g **Zucker**
- 1 **Eigelb**
- 10 g **Stärke**
- ¼ **Vanilleschote**
- 75 g **Butter**

DEKORATION

- 50 g **Walnüsse**

Am Vortag Gelatine in kaltem Wasser einweichen, Äpfel fein würfeln. Honig, Butter und Puderzucker in einer Pfanne erhitzen und leicht karamellisieren lassen. Sahne separat erwärmen und unter ständigem Rühren in die Karamellpfanne geben. Nun die Äpfel hinzugeben und 5 bis 6 Minuten einkochen lassen. Die Masse etwas abkühlen lassen, dann die eingeweichte Gelatine dazugeben und gut einarbeiten. Masse auf Silikonförmchen (7 Zentimeter Durchmesser) verteilen und kalt stellen.

Für den Teig Puderzucker, Salz und Butter cremig rühren, dann das Eigelb einrühren. Zuletzt Mehl dazugeben und zügig zu einem glatten Teig verkneten. Den Teig mit Frischhaltefolie umwickeln und für eine Stunde kalt stellen. 3 Millimeter dick ausrollen und Kreise mit etwa 12 Zentimeter Durchmesser ausstechen. Tartelette-Ringe mit 8 Zentimeter Durchmesser damit auslegen, überstehenden Teig abschneiden und den Boden mit einer Gabel mehrfach einstechen. Für eine halbe Stunde kalt stellen.

Für die Walnusscreme Butter und Zucker mit dem Schneebesen verrühren, Ei hinzugeben und zu einer homogenen Masse verarbeiten. Walnüsse zerkleinern, mit der Stärke zur Masse dazugeben und alles gut verrühren. Die Creme auf den Tartelette-Ringen verteilen, im vorgeheizten Backofen bei 180 Grad mit Ober-/Unterhitze für 20 Minuten backen und anschließend vollständig auskühlen lassen.

Ein Viertel der Milch in einen Topf geben und mit Zucker, Eigelb, Vanille und einer Prise Salz verrühren. Die restliche Milch hinzugeben und bei mittlerer Hitze unter ständigem Rühren erhitzen, bis die Masse kocht und merklich eindickt. Nun die Creme in einer Schüssel mit Frischhaltefolie abdecken, damit sich keine Haut bildet, und auf Zimmertemperatur abkühlen lassen. Butter 4 bis 5 Minuten weißcremig rühren und die Creme esslöffelweise in die Butter rühren.

Mit dem Spritzbeutel Vanillecreme in die Tartelettes spritzen und glatt streichen. Die Apfelschicht aus den Formen lösen und daraufsetzen. Dann mit Vanillecreme und den noch übrigen Walnüssen ausdekorieren.

Rezept: Anton **Ohnmacht**

Zubereitung: mittel
Backzeit: 30–40 Minuten bei 210 Grad
Ergibt 6 Stücke

SAFTIGER

APFELSTRUDEL

FÜLLUNG

750 g **Äpfel**
20 g **Grieß**
Rosinen nach Geschmack
Zimt nach Geschmack
150 g **flüssige Butter**

TEIG

250 g **Mehl**
125 g **Wasser**
1 **Ei**
½ TL **Salz**
½ TL **Zucker**

Öl und Butter

Für die Füllung die Äpfel schälen, entkernen und in dünne Scheiben schneiden. Den Grieß und nach Bedarf Zimt und Rosinen zugeben, alles mischen und eine Weile ziehen lassen.

Die Zutaten für den Teig währenddessen zusammenkneten, mit etwas Öl bestreichen und in Frischhaltefolie oder einer verschließbaren Schüssel im Kühlschrank für etwa 1 Stunde ruhen lassen.

Jetzt den Teig gut bemehlt ausrollen und auf einem Tuch so dünn wie möglich ausziehen, ohne dass sich Löcher bilden. Am einfachsten geht das, wenn man ihn über den Handrücken gleiten lässt und so vorsichtig immer größer auszieht. Der Teig sollte eine Breite von etwa 60 bis 80 Zentimetern und eine Länge von mindestens 80 Zentimetern haben – aber je länger, desto besser!

Die fertige Teigfläche mit der flüssigen Butter bestreichen und die Äpfel auf der schmalen Seite etwa zwei Hand breit verteilen. Anschließend mit Hilfe eines Tuches aufrollen.

Den Strudel nun noch mit etwas Butter bestreichen und auf einem mit Backpapier belegten Blech im vorgeheizten Ofen bei etwa 210 Grad Ober-/Unterhitze für 30 bis 40 Minuten backen, bis er schön goldbraun ist.

Den Strudel warm servieren. Dazu schmeckt Vanillesauce oder Vanilleeis.

TIPP: *Wer mag, kann die Rosinen vor der Zubereitung noch in einer Spirituose quellen lassen. Anton Ohnmacht empfiehlt dafür Rum, der harmoniert sehr gut mit Äpfeln und Rosinen.*

Rezept: Anja **Spittel**

- Zubereitung: leicht
- 45 Minuten Koch- und Zubereitungszeit
- Ergibt ca. 12 Küchle

MIT VANILLESAUCE

APFELKÜCHLE

VANILLESAUCE

200 ml	**Milch**
200 ml	**Sahne**
15 g	**Zucker**
1 Pr.	**Salz**
1	**Vanilleschote**
10 g	**Butter**
30 g	**Eigelb**
10 g	**Stärke**

APFELKÜCHLETEIG

230 g	**Mehl**
20 g	**Zucker**
1 Pr.	**Salz**
200 ml	**Milch**
3	**Eier**
¼ TL	**Zimt**
5 bis 6	**Äpfel** (z. B. Boskop)
100 ml	**Pflanzenöl**

ZUM BESTREUEN

100 g	**Zucker**
¼ TL	**Zimt**

80 Milliliter Milch mit dem Eigelb in einer Schüssel glatt rühren, dann die Speisestärke mit dem Schneebesen einrühren, bis keine Klümpchen mehr vorhanden sind.

Restliche Milch mit Sahne, Zucker, Butter, Salz und dem ausgekratzten Vanillemark in einen Topf geben und bei mittlerer Hitze erwärmen. Hierbei am Anfang die Zutaten mit einem Schneebesen verrühren, da sich der Zucker gerne am Boden absetzt. Sobald die Milch-Sahne-Mischung zu kochen beginnt, den Topf von der Herdplatte nehmen und die Ei-Stärke-Mischung mit dem Schneebesen zügig unterrühren. Alles erneut erhitzen und für etwa eine Minute kochen, dabei stets rühren. Wichtig ist, dass das Rühren nicht unterbrochen wird, damit nichts anbrennt und sich keine Klümpchen bilden. Die Vanillesauce in eine Schüssel umfüllen und direkt mit Frischhaltefolie abdecken, damit sie keine Haut bilden kann. Die abgekühlte Sauce kalt stellen.

Für die Apfelküchle Mehl, Zucker, Salz, Milch, Eier und Zimt zu einem Teig verrühren. Die Äpfel schälen, das Kerngehäuse ausstechen und in ca. 1,5 bis 2 Zentimeter dicke Ringe schneiden. Den Zucker zum Bestreuen mit dem Zimt vermischen.

Das Pflanzenöl in einer Pfanne bei mittlerer Hitze erwärmen. Die Apfelringe in den Teig eintauchen und in die Pfanne geben. Nun portionsweise die Apfelringe goldbraun braten, mit der Zimt-Zucker-Mischung bestreuen und mit Vanillesauce servieren.

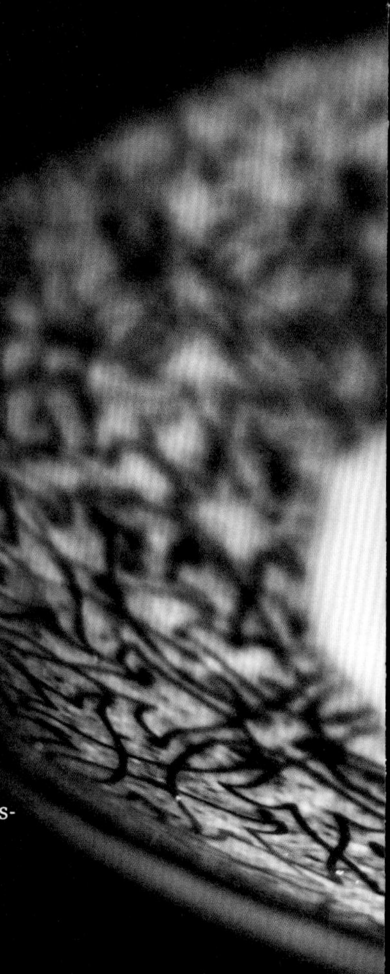

Tipp: Diese Vanillesauce enthält wenig Zucker, da die Apfelküchle durch das Bestreuen mit Zimt und Zucker recht süß sind. Um die Sauce mit anderen, weniger süßen Gebäcken zu kombinieren, kann die Zuckermenge auf 45 bis 50 Gramm erhöht werden.

Rezept: Lisa **Rudiger**

Zubereitung: leicht
Backzeit: 35 Minuten bei 180 Grad
Ergibt 1 Tarte mit Ø 26 cm

MIT WALNUSS-STREUSELN

TARTE AUX POIRES

MÜRBETEIG

120 g	**Butter**
60 g	**Zucker**
1	**Eigelb**
1 Pr.	**Salz**
180 g	**Mehl**
	Butter und Mehl für die Form
1000 g	**Birnen**
1	**Zitrone für Saft**
30 g	**gehackte Walnüsse**

WALNUSS-STREUSEL

50 g	**gehackte Walnüsse**
60 g	**Zucker**
60 g	**Butter**
110 g	**Mehl**
1 Pr.	**Zimt**
1 Pr.	**Salz**

Die Birnentarte ist ein echter Alleskönner: Sie schmeckt als Dessert und als krönender Abschluss eines leckeren Menüs ebenso gut wie als Hauptdarsteller zum Kaffee. Bei uns daheim gibt es die Birnentarte auch gern mal mit Schoko-Sauce oder einer Kugel Vanille-Eis. Und: Probiert anstatt der Birnen auch mal Pfirsiche aus, wenn die gerade Saison haben und so richtig reif und weich sind!

Für den Mürbeteig zunächst die Butter und den Zucker zimmerwarm vermischen. Eigelb und Salz dazugeben und zum Schluss mit dem Mehl zu einem Teig kneten. Den Teig in Folie wickeln und eine Stunde kühlen. Länger ist auch gut, gern auch über Nacht…

Jetzt die Tarteform gut einfetten und mit Mehl bestreuen. Die Form mit dem Mürbeteig auslegen und die gehackten Walnüsse auf dem Teig verteilen. Birnen in feine Streifen schneiden und im Ring rundherum auf dem Teig auslegen. Die Birnenscheiben mit dem Saft der Zitrone einpinseln, damit sie nicht so schnell braun werden.

Backofen auf 180 Grad Ober-/Unterhitze vorheizen. Um die Streusel herzustellen, alle Zutaten von Hand verkneten und über den Birnen verteilen. Tarte für etwa 35 Minuten backen.

TIPP: *Für die Tarte sind reife, saftige Früchte wichtig. Die bringen's später nicht nur beim Schneiden, sondern ganz einfach auch beim Geschmack. Die Birne steht hier ganz für sich – kein Schmand, keine Sahne, kein nix.*

Rezept: Lisa **Rudiger**

Zubereitung: leicht

Backzeit: ca. 25 Minuten bei 180 Grad

Ergibt 6 Küchlein

SUPERSCHNELL GEMACHTE

BIRNEN-TÄSSLE

TEIG & BIRNE

6	**Birnen**
100 g	**Butter**
100 g	**Zucker**
2	**Eier**
2 TL	**Kakao**
60 g	**Mandeln**
100 g	**Mehl**
1 TL	**Backpulver**
1 EL	**Schokoladen-streusel**
	Butter und Mehl für die Formen
1	**Apfelausstecher**

Ich mag's, wenn's schnell geht und pfiffig ist. Meine Birnen-Tässle sind daher auf meiner persönlichen Rangliste für den Herbst ganz oben. Ich liebe das Aroma vollreifer Birnen und find' es schön, wenn man das Küchlein einfach aus der Tasse löffelt – daher ja auch der Name Cupcake!

Formen einfetten und mit Mehl ausstreuen. Backofen auf 180 Grad Ober-/Unterhitze vorheizen. Butter und Zucker mit den zwei Eiern schaumig rühren.

Die trockenen Zutaten kurz unterheben und den Teig in den Spritzbeutel abfüllen. Das obere Drittel der Birne abschneiden und zur Seite legen. Den unteren Teil schälen und das Gehäuse mit dem Apfelausstecher entfernen.

Die Birnenunterteile auf die sechs Formen verteilen und drum herum sowie mitten auf die Birne Teig spritzen. Bei 180 Grad etwa 25 Minuten backen. Die Birnenspitze nach dem Backen einfach draufsetzen. Fertig. Sieht gut aus, riecht gut und genauso schmeckt's!

TIPP: *Denk schon beim Einkaufen an die Größe Deiner Töpfle. Die Birnen müssen da am Ende natürlich reinpassen ;-)*

Rezept: Dorothea **Steffen**

Zubereitung: leicht
Backzeit: 45 Minuten bei 210 Grad
Ergibt 1 Kuchen mit 24 × 24 cm

UNSER FRUCHT-HYBRID

BIRNENKUCHEN MIT ARONIABEEREN

MÜRBETEIG

220 g	**Mehl**
120 g	**Butter**
80 g	**Zucker**
1	**Ei**
1 Pr.	**Salz**
1 TL	**Vanillezucker**

QUARKGUSS

110 g	**Zucker**
20 g	**Mehl**
50 g	**Sahne,** flüssig
400 g	**Quark**
2	**Eier**
1	**Zitrone** für Abrieb und Saft

BELAG

1000 g	**Birnen,** gern Williamsbirnen
250 g	**Aroniabeeren**

Aus den Zutaten wie in der Backschule beschrieben einen Mürbeteig herstellen, in Klarsichtfolie einpacken und kühl stellen. Später die Kuchenform damit auslegen.

Die Aroniabeeren von den Stielen befreien, also abzupfen und etwa 200 Gramm davon mit etwas Saft, entweder Aroniabeerensaft oder alternativ Johannisbeer- oder Kirschsaft mit 2 Esslöffel Zucker kurz aufkochen und absieben. Ein paar Beeren zurücklassen.

Für die Quarkmasse den Zucker mit dem Mehl mischen, dann die flüssige Sahne unterrühren, das Ei unterrühren, den Zitronensaft, den Abrieb und den Quark untermischen.

Die Quarkmasse auf dem Mürbeteig verteilen. Die abgetropften Beeren ebenfalls darauf verteilen. Die Birnen schälen, vom Kernhaus befreien und in Achtel-Spalten schneiden. Kreisförmig oder entlang der Kuchenform gleichmäßig auf die Quarkmasse setzen, noch ein paar ungekochte Beeren auf die Birnen streuen.

Den Kuchen im vorgeheizten Ofen bei 210 Grad Ober-/Unterhitze etwa 45 Minuten backen, bis die Quarkmasse eine schöne goldgelbe Farbe hat.

TIPP: *Ein Kuchen mit Quark ist immer was Feines. Mit dieser Fruchtkombination hast Du aber einen absoluten Knaller. Das bringt Dir noch mal einen unvergleichlich leckeren Obstkick.*

Rezept: Lisa **Rudiger**

Zubereitung: leicht
Backzeit: 30 Minuten bei 175 Grad
Ergibt 9 Tartelettes mit Ø 10 cm oder eine große Tarte mit Ø 26 cm

TRAUBEN-NUSS

TRÄUBLES-KÜCHLE

KNETTEIG

- 125 g **Butter**
- 75 g **Zucker**
- 1 **Eigelb**
- 2 cl **Kirschwasser**
- 100 g **gemahlene Mandeln**
- 1 Pr. **Zimt**
- 125 g **Mehl**
- **Butter und Mehl** für die Formen

RÜHRTEIG

- 100 g **Butter**
- 80 g **Zucker**
- 3 **Eier**
- 100 g **gemahlene Mandeln**
- 1 Pck. **Vanillezucker**
- 1 EL **Speisestärke**

- 250 g **kernlose Trauben**

Auch so ein wunderbar schnelles, ganz unkompliziertes Rezept, das man daheim im Handumdrehen hinbekommt und für das man keine außergewöhnlichen Zutaten braucht. Außerdem kann man die Trauben auch durch entsteinte Kirschen oder halbierte Mirabellen ersetzen – und hat so noch mehr Abwechslung!

Zunächst den Backofen auf 175 Grad Ober-/Unterhitze vorheizen und die Förmchen einfetten und einmehlen. Für den Knetteig Butter, Zucker, Eigelb und Schnaps zuerst mischen, dann mit den trockenen Zutaten einen Knetteig herstellen und für eine kurze Zeit kühl stellen. Die Förmchen danach mit dem Teig auslegen.

Für den Rührteig zimmerwarme Butter zuerst mit dem Zucker und den Eiern verrühren, dann die trockenen Zutaten dazugeben und mischen. Diese Masse auf dem Knetteig verteilen und zum Schluss die Trauben eindrücken. Für etwa 30 Minuten bei 175 Grad backen.

TIPP: *Der Knetteig lässt sich sehr gut am Vortag vorbereiten. Das Kirschwasser kann dann sogar besser einziehen und der Teig lässt sich so auch besser ausrollen. Keine Sorge, wenn Dir der Teig zwischendurch sehr weich vorkommt, das soll so!*

Rezept: Lisa **Rudiger**

Zubereitung: leicht
Backzeit: 30 Minuten bei 180 und 200 Grad
Ergibt 1 Kuchen mit Ø 20 cm

SCHWARZWÄLDER
KAFFEE-KRÄNZLE

STREUSEL

- **15 g Zucker**
- **15 g Butter**
- **30 g Mehl**
- **1 TL Kakaopulver**
- **½ TL Espressopulver**

TEIG

- **60 g Weizenmehl**
- **60 g Speisestärke**
- **2 TL Backpulver, gestrichen**
- **80 g Zucker**
- **1 Pr. Salz**
- **3 TL Espressopulver**
- **2 TL Kakaopulver**
- **2 Eier**
- **100 g Butter**
- **7 EL Milch**

KÄSEHAUBE

- **300 g Doppelrahm-Frischkäse**
- **100 g Crème fraîche**
- **2 TL Speisestärke**
- **1 Pck. Vanillezucker**
- **60 g Puderzucker**

DEKORATION

- **1 EL Kakaopulver**
- **12 Kaffeebohnen in Schokolade**

Den Backofen auf 180 Grad Ober-/Unterhitze vorheizen. Eine Springform mit 20 cm Durchmesser gut einfetten und mit Mehl ausstreuen.

Die Zutaten der Streusel in eine Schüssel geben. Von Hand Streusel kneten, diese auf dem Boden der Springform verteilen und andrücken.

Für den Teig die trockenen Zutaten in einer Schüssel mischen. Die Butter flüssig machen, Eier und Milch dazugeben. Mit dem Handrührgerät die beiden Mischungen zu einem Teig verrühren und in die Springform auf die Streusel gießen. Jetzt bei 180 Grad 20 Minuten backen.

In der Zeit alle Zutaten für die Käsehaube in eine Schüssel geben und verrühren. Nach den 20 Minuten Backzeit die Käsemasse auf dem Kuchen verteilen und weitere 10 Minuten bei 200 Grad backen.

Den Kuchen abkühlen lassen. Erst jetzt das Kakaopulver darübersieben und ein paar kleine Kaffeebohnen als Dekoration draufsetzen.

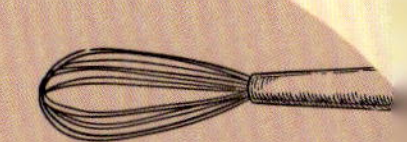

Wenn's noch mehr Kaffeegeschmack sein darf, dann nimm statt Kakao einfach Kaffeepulver oder misch beides!

Rezept: Anton **Ohnmacht**

Zubereitung: leicht
Backzeit: 45 Minuten bei 190 Grad
Ergibt 1 Kuchen mit Ø 26 cm

DER ORIGINAL MUMMELSEE-

RAHMKUCHEN

TEIG

100 g	**Zucker**
200 g	**Butter**
300 g	**Mehl**
	Vanille
	Zitronenabrieb

FÜLLUNG

300 g	**Schmand**
300 g	**flüssige Sahne**
150 g	**Zucker**
2	**Eier**
1 Pck.	**Vanillepuddingpulver**
	Puderzucker
	Schablone zum Verzieren

Wir wissen nicht, ob die Mümmlein, die der Sage nach auf dem Grund des Mummelsees leben, diesen feinen Kuchen auch so lieben wie wir. Jedoch heißt es, die zarten Wasserwesen steigen manchmal aus den Tiefen des Sees und helfen den Menschen bei ihrer täglichen Arbeit. Vielleicht hat ja ein Mümmlein Anton Ohnmacht einen Tipp gegeben, denn dieser Rahmkuchen schmeckt wahrlich fabel(wesen)haft!

Aus Zucker, Butter, Mehl, Vanille und dem Zitronenabrieb einen Mürbeteig bereiten. Anschließend mindestens eine halbe Stunde an einem kühlen Platz ruhen lassen. Dann eine 26er-Springform damit auslegen und dabei einen etwa zwei Zentimeter hohen Rand bilden.

Die restlichen Zutaten verrühren, bis sich der Zucker aufgelöst hat. Achtung: nur rühren, nicht aufschlagen! Diese Masse auf den vorbereiteten Kuchenboden geben. Bei 190 Grad Ober-/Unterhitze im vorgeheizten Ofen etwa 45 Minuten backen.

Wer möchte, kann den Kuchen nach dem Abkühlen noch, mithilfe einer Schablone, mit einem Hauch Puderzucker verzieren.

TIPP: *Bei diesem Rahmkuchen ist die kompakte Füllung das Geheimnis. Würde man die Zutaten aufschlagen, geht sie beim Backen auf – möglicherweise sogar so sehr, dass sie überläuft.*

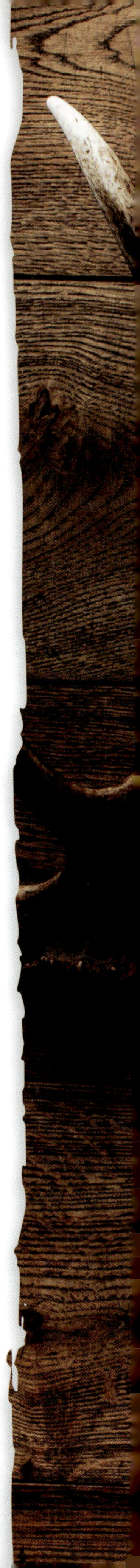

Rezept: Lisa **Rudiger**

Zubereitung: leicht

Backzeit: 20 Minuten bei 175 Grad

Ergibt 8 Igel à 35 g

STACHLIG-FRECHE

MARZIPAN-IGEL

ZUTATEN

200 g Marzipan-Rohmasse
50 g Puderzucker
50 g Mandel
25 g Mehl
1 Ei
1 EL Milch
40 g Mandelsplitter
10 g Kakaosplitter für die Deko

Streumehl nach Bedarf

Eines meiner Lieblingsrezepte im Herbst, wenn sich kurzfristig noch mal Besuch ankündigt oder man nicht viel Zeit hat, groß zu backen. Die Zutaten für die Igel habe ich eigentlich immer im Haus – und so ist nach kaum einer halben Stunde die putzige Igel-Rotte auch schon fertig!

Den Backofen auf 175 Grad Ober-/Unterhitze vorheizen. Ein Backblech mit Backpapier auslegen.

Die Marzipan-Rohmasse zuerst mit dem Puderzucker verkneten. Das Ei trennen und nur das Eiweiß zur Marzipanmasse geben, Eigelb für später zur Seite stellen.

Die Mandeln und das Mehl zur Marzipanmasse dazugeben und zu einem Teig kneten. Den Teig in Stücke von circa 35 Gramm einteilen und mit der Hand zu Igeln formen. Dabei immer wieder die Hände mit Mehl bestreuen, damit die weiche Masse gut zu modellieren ist. Jetzt das Eigelb mit der Milch verrühren und die noch nackten Igel einstreichen.

Die Mandeln als Stacheln in den Teig stecken und mit den Kakaosplittern ein Gesicht formen. Die Igel bei 175 Grad für etwa 12 Minuten backen.

TIPP: *Die Masse wird schnell sehr klebrig. Halte deshalb etwas Streumehl bereit, um die Igel besser modellieren zu können.*

Rezept: Lisa **Rudiger**

Zubereitung: mittel
Backzeit: 20 Minuten bei 180 Grad
Ergibt 10 Stück

MIT FEINSTEM SCHWARZWÄLDER RUM

NOUGAT-GUGLHUPF MIT MARONEN

GUGLHUPF

60 g	**Nougat**
100 g	**Butter**
100 g	**Zucker**
2	**Eier**
1 TL	**Backpulver**
100 g	**Mehl**
1 Pr.	**Salz**
	Butter und Mehl für die Förmchen

MARONEN-TOPPING

120 g	**Nougat**
200 g	**gekochte Maronen**
4 EL	**Wildbart!-Rum**
1 Pck.	**Vanillezucker**
100 g	**Marzipanrohmasse**
2 EL	**Puderzucker** zum Absieben
1	**Spaghettipresse**

Den Backofen auf 180 Grad Ober-/Unterhitze vorheizen. Für den kleinen Guglhupf die Butter und 60 Gramm Nougat zusammen erwärmen und mit den zwei Eiern und dem Zucker leicht schaumig rühren. Backpulver mit einer Prise Salz und dem Mehl mischen und zur Buttermasse geben. Den fertigen Rührteig in die eingefetteten und bemehlten Förmchen abfüllen und bei 180 Grad für 20 Minuten backen. Bevor es weitergeht, müssen die Guglhupfe richtig abkühlen, das geht bei den kleinen Dingern aber fix.

Jetzt die 120 Gramm Nougat auf dem Herd erwärmen, bis es dressierfähig ist. Dann in einen Einwegspritzbeutel füllen und die kalten Gugelhupfe damit nach Lust und Laune schmücken.

Maronen fein zerkleinern. Die restlichen Zutaten für das Topping dazugeben und noch mal zerkleinern, bis eine zähe Masse entsteht. Diese Masse in eine Spaghettipresse füllen und auf den Nougat setzen. Wer keine Spaghettipresse hat, nimmt einfach einen Spritzbeutel mit ganz kleiner Öffnung. Das geht auch.

Vor dem Servieren noch mit etwas Puderzucker absieben.

TIPP: *Die drei Schritte ergeben drei Schichten. Beim Maronentopping musst Du einfach schauen, wie viel Rum Du brauchst. Manchmal sind es auch mehr als vier Esslöffel. Wichtig ist, dass die Masse gut und einfach durchzudrücken ist.*

Rezept: Dorothea **Steffen**

Zubereitung: leicht
Backzeit: 35 Minuten bei 180 Grad
Ergibt 1 Torte mit 24 × 24 cm

DIE NUSSIG-BESCHWIPSTE
MARONEN-SAHNE

BODEN

200 g	**Butter**
150 g	**Puderzucker**
4	**Eier**
400 g	**Maronenpüree**
2 cl	**Wildbart-Rum**
etwas	**Vanille**
200 g	**geröstete und gemahlene Haselnüsse**
100 g	**gemahlene Walnüsse**
20 g	**Backpulver**
10 g	**Kakao**

SAHNE

500 g	**Sahne**
4	**Blatt Gelatine**
200 g	**Maronenpüree**
50 g	**Puderzucker**
2 cl	**Wildbart-Rum**
100 g	**Vollmilchkuvertüre**

Butter und Puderzucker schaumig schlagen, die 4 Eier dazugeben. 400 Gramm Maronenpüree mit einem Schnapsglas Rum glatt arbeiten. Vanille zur Buttermasse geben, die übrigen 2 Eier dazugeben und nicht zu lange rühren.

Die Nüsse, den Kakao und das Backpulver unterheben. In eine mit Backpapier ausgelegte Kuchenform (24 × 24 cm) geben und bei 180 Grad etwa 35 Minuten backen. Dann auskühlen lassen.

Den Boden aus der Form nehmen, die Form säubern und den Boden wieder einlegen.

Für die Sahnefüllung die Gelatine einweichen, Sahne schlagen, Maronenpüree mit Rum und Puderzucker glatt arbeiten, die Vollmilchkuvertüre auflösen. Nun die aufgelöste Gelatine mit etwas Sahne angleichen, in die Sahne geben, das Püree und die Kuvertüre unterheben und in die Form füllen. **Jetzt für mindestens 4 Stunden kalt stellen.** Zum Servieren mit Kakaopulver bestäuben.

TIPP: *Die Zeit fürs Kühlen solltest Du Dir nehmen. Das braucht die Torte für die Stabilität und es tut außerdem dem Geschmack gut. Das Ergebnis ist eine tolle herbstliche Süßigkeit mit dem Talent, auf Festen groß zu punkten.*

Rezept: Gerhard **Volk**

Zubereitung: leicht

Backzeit: 20–25 Minuten bei 200–220 Grad

Ergibt 4 Torteletts mit Ø 12–13 cm

MIT FEINER MANDELSAHNE

CROSTATA MIT FEIGEN

TORTELETTS

150 g Blätterteig

4 Feigen
20 g brauner Zucker

BELAG

75 g Butter
75 g Puderzucker
75 g gemahlene Mandeln
15 g Stärkemehl
40 g Crème fraîche
1 Ei (Größe S)

MANDELSAHNE

200 ml Sahne
8 ml Mandelsirup

Die Blätterteigblätter in 8 Portionen aufteilen und passend für die Förmchen dünn ausrollen. Tortelett-Förmchen von 12 bis 13 Zentimeter Durchmesser ausfetten und mit Blätterteig auslegen. Den Boden des Teigs mit einer Gabel mehrfach einstechen und in den Kühlschrank stellen.

Butter schaumig aufschlagen, Puderzucker, Mandeln, Stärkemehl, Crème fraîche sowie Ei beifügen und zu einer glatten Masse verrühren. Auf die vorbereiteten Förmchen verteilen. Feigen waschen, halbieren, mit der Schnittfläche nach oben in die Masse setzen und mit dem braunen Zucker bestreuen.

Grill für indirektes Grillen mit dem Pizzastein und 200 bis 220 Grad vorbereiten. Förmchen auf dem Pizzastein in der indirekten Zone platzieren. Deckel des Grills schließen und etwa 25 bis 30 Minuten grillen. Während dieser Zeit die Sahne mit dem Mandelsirup halbsteif aufschlagen und bis zum Gebrauch kalt stellen.

Die Törtchen aus dem Grill nehmen und etwas abkühlen lassen. Dann aus den Förmchen nehmen und in Portionen teilen. Mit der Mandelsahne servieren und nach Wunsch mit gerösteten Mandeln garnieren.

TIPP: *Was Du hier natürlich auch ausprobieren kannst: Nimm ein bisschen weniger Zucker oder Sirup und gib dafür am Ende ein wenig Honig dazu.*

Foto: Matthias Hoffmann

STRASSBURGS KÖNIGIN DER HERZEN

LEBKUCHEN HABEN IM ELSASS EINE LANGE TRADITION – UND DIE UNUMSTRITTEN BESTE LEBKUCHENBÄCKERIN IN DER WEIHNACHTS-HAUPTSTADT EUROPAS IST MIREILLE OSTER. HÖCHSTE ZEIT ALSO, SIE MAL IN IHRER BACKSTUBE ZU BESUCHEN…

So ganz gehört Straßburg ja nicht zum Schwarzwald. Weil wir Schwarzwälder aber gern mal zu den Galliern rüberfahren, auf die deutsch-französische Freundschaft ein Amer trinken und einen Flammkuchen futtern, kommen wir in diesem Buch an Europas Capital de Noël nicht vorbei. An der Weihnachts-Hauptstadt. Um die zu besuchen, beginnt man am besten im Stadtviertel La Petite France. Windschiefe, alte Fachwerkhäuser, viel Wasser, eine tolle Gastronomie und überall gibt es etwas zu entdecken. Unfassbar romantisch ist es hier! Zur Weihnachtszeit findet man Liebesäpfel, schöne Schnitzereien, heißen Apfelsaft und natürlich Lebkuchen, zu dem man hier Pain d'épices, also Gewürzbrot, sagt. Daher riecht es hier auch fast das ganze Jahr nach Gewürzen aller Art. O, là, là, Lebkuchen!

Hinter einem festlich erleuchteten Schaufenster sitzen Frauen und verpacken etwas in Zellophan. Viele Päckchen sind hier gestapelt, überall hat es Engel und Lebkuchenherzen fürs „Schaetzele" oder „Pour mon trésor" (für meinen Schatz). Eine elegante Dame im weißen Kittel sticht heraus: Mireille Oster, die Königin der (Lebkuchen-)Herzen. Sie lässt uns heute mal hinter die Kulissen blicken – denn deshalb sind wir ja hier.

„Das ist der Honigschlecker, den habe ich aus dem Schwarzwald", sagt sie und zeigt auf einen Engel. Dann berichtet sie von den Dutzend Honigen, die sie hat und braucht, zum Beispiel Lavendel-, Mandarinen-, Avocado- oder auch Kastanienhonig. „Honig ist die wichtigste Zutat für den Lebkuchen", sagt sie, denn normaler Zucker würde Kristalle bilden.
Beim Gang durch die kleine Boutique flötet sie, dass der Lebkuchen das ganze Jahr in Straßburg und dem umliegenden Elsass ein Thema ist. Mit Foie gras (Entenleber), Lachs und Sauerkraut-Confit zum Aperitif oder halt ganz klassisch zum Kaffee. Auch zu Tee oder zur Schokolade isst man die Pains d'épices. Das aber war nicht immer so, wie überall war das Magenbrot eigentlich nur für Weihnachten gedacht, genauso wie die Bredle. Mittlerweile gibt es beides zu jeder Zeit.

Die Tradition der Lebkuchen ist uralt, seit 1453 ist er im Elsass bekannt, man glaubt, dass das Wissen dafür aus Zentralasien kommt. Mehrere Zentren haben sich seitdem herausgebildet, darunter Nürnberg, Aachen und Basel. Das Elsass kam erst später, dann aber gewaltig. Auf dem Land und in Straßburg hatte es stets mehr als nur einen Lebkuchenbeck. Mireille Oster aber sagt gar nicht Lebkuchen, sondern „Lebzelter". Zelten kommt aus dem Althochdeutschen und bedeutet flacher Kuchen.

Ihr Großvater, der gebürtige Florentiner Joseph Mugnai startete 1933 das kleine Unternehmen. Als die Mutter das Geschäft an ihre Tochter weitergeben wollte, war

Straßburgs Königin der Lebkuchenherzen: Mireille Oster verkauft ihr Gebäck vom Elsass aus in alle Welt. In Tokyo, New York und Paris ist ihr Straßburger Lebkuchen zur Weihnachtszeit zu finden

diese so weise und ließ ihrer Tochter die Wahl. „Du kannst das Haus verkaufen", sagte die Mutter „es ist eh zu klein." Mit dem Geld könnte sie ja auf eine Weltreise gehen. „Nö, ich mach's", sagte Mireille und so begann ein modernes Märchen.

„Von meinem Großvater stammt das erste Rezept", berichtet sie. Wer gut aufpasst, hört ein „aber nicht das zweite und das dritte auch nicht." (Und auch nicht das dreißigste und vierzigste ...) Weil ihr anfangs diese oder jene Zutat fehlte und ihr gleichzeitig die Neugierde in den Fingern juckte, begann sie vor 20 Jahren zu improvisieren und so kam eines zum anderen. Die Gebinde mit Nelken aus Indonesien, Ingwer aus Indien, Kardamom aus Guatemala, Anis aus Griechenland, sizilianischen Pistazien und vielem mehr sprechen Bände. Hier regiert der feine Gaumen. Außerdem machte sie ihre Erfahrungen. Sie verzichtet auf Tannenhonig, weil dieser zu sehr herausschmeckt, für Teig nimmt sie gern Kastanienmehl, aber maximal die Hälfte, weil dem Kastanienmehl das Gluten fehlt, also der Kleber. Bei der Butter schwört sie auf eine deutsche Marke, da ist der Wasseranteil geringer und der Fettanteil höher. Aus der One-Woman-Show wurde ein kleines Unternehmen, mit fast 40 Mitarbeitern in der Saison, die ab Mitte September beginnt. Teigmacher Monsieur Chau ist immer dabei. „Mein wichtigster Mann", lacht sie.

Die Teigstube ist zwar eng, aber dafür sind die Wege nicht so weit. Im Hinterhof liegt Station Nummer zwei. Wie so viele Straßburger Häuser hat auch dieses ein interessantes Innenleben. Hier sieht man altes Fachwerk, eine Hausfassade gehört zu einer ehemaligen Kirche und eine Zahl zeigt, dass Straßburg wirklich „steinalt" ist. Im Haus vis-à-vis liegt das Reich von Samian, einem jungen Afghanen, der die Teige in Form bringt. So wandert Wanne für Wanne in die Backstube, wo ein Blech nach dem anderen gefüllt und gebacken und in ein Rollregal geschoben wird. Die Nachfrage ist phänomenal. Der Bestseller ist die Lebkuchensorte „Verdi" mit ausschließlich italienischen Zutaten. Aber auch die

Honig ist die wichtigste Zutat beim Lebkuchen – dann kommen die Gewürze. Bei Madame Oster ist das Teigmachen noch immer Handarbeit, gebacken wird aber durchaus im großen Stil …

Klassiker sind nach wie vor sehr beliebt. Da die Straßburger nicht nur Gaumen, sondern auch Geschäftssinn haben, gibt es elsässische Weihnachtsmärkte mit Sürkrüt, vin chaud (Glühwein) und eben Lebkuchen auf der ganzen Welt. Als Gesicht des Unternehmens kann Mireille Oster nicht immer in Straßburg sein, sie muss sich in Paris, New York und Tokyo sehen lassen, genauso wie in Hanoi oder Seoul. Oder sie sucht auf Sizilien mal wieder beste Pistazien.

Interessanterweise kommen alle wichtigen Zutaten aus Ländern, die bis heute immun für den Zauber der Lebkuchen sind, wie zum Beispiel Italien, Griechenland, dem vorderen Orient oder noch weiter aus dem Osten. Mireille Oster lässt es sich nicht nehmen und fliegt dorthin, wo es die besten Zutaten gibt. So konnte sie zwar damals keine Weltreise machen, aber als Königin der (Lebkuchen-)Herzen sieht sie die Welt, und die Herzen fliegen ihr nur so zu. Dass sie uns dann auch noch ihr traditionelles Grundrezept für Pain d'épices verrät – was für ein schönes, vorweihnachtliches Geschenk!!

Traditionelles Pain d'épices

300 ml Wasser | 250 g Zucker | 250 g Honig
1 Pck. Backpulver | 1 g Salz | 50 g Rum | 2 g Zimt
3 g grüner Anis | 500 g Mehl (Typ 405) | 25 g Butter

Und so geht's!
Das Wasser bis zum Siedepunkt erhitzen, dann Zucker, Honig, Backpulver und Salz hinzugeben, vom Feuer nehmen, verrühren und auflösen lassen. Jetzt Rum, Anis und Zimt hinzugeben. Das Mehl unterrühren, bis ein glatter Teig ohne Klumpen entsteht. Eine rechteckige Backform einfetten und mit dem Teig befüllen. Den Teig jetzt für 20 Minuten in den auf 210 Grad Umluft vorgeheizten Backofen stellen, dann noch einmal für 40 Minuten bei 150 Grad. Dabei eine Tasse mit Wasser oder eine kleine Backform mit Wasser mit in den Ofen stellen, damit die Backluft schon feucht ist. Den Lebkuchen aus der Form nehmen und auf einem Gitter auskühlen lassen.

Rezept: Lisa **Rudiger**

Zubereitung: mittel
Backzeit: 10 Minuten bei 200 Grad
Ergibt 6 Nikolause & 7 Stämme

LEBKUCHEN FÜR NIKOLAUS UND
WEIHNACHTEN!

TEIG

- **250 g** **Honig**
- **25 ml** **Milch**
- **125 g** **Weizenmehl**
- **125 g** **Roggenmehl**
- **1** **Eigelb**
- **10 g** **Natron**
- **1 TL** **Lebkuchengewürz**

- **Milch zum Bestreichen**
- **Mehl für die Arbeitsfläche**

DEKORATION

- **100 g** **Marzipanrohmasse**
- **10 g** **Puderzucker**
- **rote und grüne Lebensmittelfarbe**
- **schwarze Knusperkugeln**
- **1** **Eiweiß**
- **200 g** **Puderzucker**

Honig mit der Milch aufkochen und direkt vom Herd nehmen. In dieser Zeit die beiden Mehle mit dem Lebkuchengewürz mischen, dann mit dem Eigelb und dem warmen Honig-Milch-Gemisch zu einem Teig kneten. Erst zum Schluss das Natron beigeben und **24 Stunden ruhen lassen.**

Ofen auf 200 Grad Ober-/Unterhitze vorheizen. Den Teig auf einer bemehlten Arbeitsfläche einen Zentimeter dick ausrollen – am besten gleich zu einem Rechteck von 30 auf 20 Zentimeter. Diese Teigplatte zu zwei Platten von jeweils 15 auf 20 Zentimeter teilen. Daraus sechs längliche Dreiecke schneiden, jeweils acht Zentimeter breit auf der kurzen Dreiecksseite und 16 Zentimeter in der Höhe des Dreiecks. Die Teigreste zusammennehmen, auf einen Zentimeter Dicke neu ausrollen und sechs Stämme schneiden, jeweils 2 auf 11 Zentimeter. Alle Figuren mit Milch bestreichen und bei 200 Grad für etwa zehn Minuten backen. Die Stämme etwas kürzer.

Zwei Drittel des Marzipans mit roter Lebensmittelfarbe einfärben, den Rest mit grüner. Mit dem roten Marzipan den Dreiecken eine Mütze modellieren und aus dem grünen Marzipan sieben Tannenbäumchen ausstechen oder mit dem Messer als längliche Dreiecke schneiden und anschließend als Bäumchen gravieren.
Aus dem übrigen Eiweiß eine Spritzglasur herstellen. Dafür einfach ein Eiweiß mit dem Puderzucker glattrühren und in eine Spritztülle füllen. Nikoläuse und Stämme mit der Spritzglasur nach Wunsch dekorieren.

TIPP: *Wenn Du die Lebkuchen vor dem Backen mit Milch bepinselst, bekommen Sie einen tollen Glanz.*

Rezept: Lisa **Rudiger**

Zubereitung: leicht
Kühlzeit: 30 Minuten im Kühlschrank
Ergibt 1 Tarte mit 35 x 12 cm

KALT GEMACHTE

SPEKULATIUSTARTE

KEKSBODEN

- **50 g** **ganze Mandeln**
- **50 g** **Cashewkerne**
- **150 g** **Spekulatius-Kekse**
- **30 g** **Vollkornbutterkekse**

- **2** **weitere Kekse zum Zerbröseln**
- **150 g** **Butter**

MANDEL-SCHOKO-CREME

- **50 g** **weiße Schokolade**
- **100 g** **Crème fraîche**
- **10 g** **Zucker**
- **200 g** **Sahne**

DEKORATION

- **1** **Apfel**
- **1 Pr.** **Zimt**
- **1** **Vanilleschote für das Mark**
- **10 g** **Zucker**

Mandeln, Cashewkerne, Spekulatius und Vollkornkekse im Mixer zerkleinern. Das Mixergebnis sollte wie ein grober Sand sein. Dann die Butter schmelzen, zu den Nuss-Keks-Krümeln geben und vermischen. Ein kleines bisschen von diesem Teig beiseitestellen, den brauchen wir nachher als Deko.

Den einen der zwei Extra-Kekse in die Form bröseln, damit sich die Tarte später gut lösen lässt.

Die große Portion Teig in die Form drücken. Dafür den zweiten Extrakeks zerkrümeln und die Hände damit einpulvern, damit der Teig nicht zu arg an den Fingern klebt. Jetzt den Teig 30 Minuten kalt stellen. Die Tarte danach aus der Form lösen und auf eine Platte legen. Aus dem zurückgehaltenen Teig nach Wahl Sternchen oder Herzchen ausstechen.

Die Sahne schlagen. Dann die weiße Schokolade und den Zucker mit der Crème fraîche auf dem Wasserbad schmelzen, abkühlen lassen und unter die geschlagene Sahne heben. Danach die Tarte befüllen und kühl stellen.

Den Apfel in feine Spalten schneiden, mit dem Zucker, dem Vanillemark und dem Zimt kurz aufkochen. Die Tarte damit und mit den kleinen Sternchen oder Herzchen verzieren.

TIPP: *Heb' Dir bei Rezepten mit klebrigem Teig wie diesem immer einen Keks auf, zerbrösle ihn und nutze ihn wie Mehl als Hilfe an den Händen. Wie immer darf die Creme-Masse auch hier nicht zu heiß an die Sahne, weil die sonst gerinnt.*

Rezept: Lisa **Rudiger**

Zubereitung: leicht
Backzeit: 10 Minuten bei 175 Grad
Ergibt 40 Brötle mit Ø 4 cm

BADISCHE

HILDABRÖTLE

ZUTATEN

100 g	**Butter**
50 g	**Zucker**
1	**Eigelb**
1 Pr.	**Salz**
150 g	**Mehl**
20 g	**Puderzucker zum Bestäuben der Gebäckoberteile**
	Mehl für die Arbeitsfläche
200 g	**Fruchtaufstrich: Himbeer- oder Johannisbeermarmelade**

AUSSTECHER

1	**Ausstecher Ø 4 cm**
1	**kleiner Ausstecher, ebenfalls rund**

Zimmerwarme Butter und Zucker miteinander vermischen. Eigelb und Salz dazugeben und zum Schluss mit dem Mehl zu einem Teig kneten. Den Teig in Folie wickeln und eine Stunde kühlen.

Ofen auf 175 Grad Ober-/Unterhitze vorheizen und ein Backblech mit Backpapier vorbereiten.

Den Mürbeteig ausrollen. Mit dem großen Ausstecher muss doppelt ausgestochen werden – also 80 mal für 40 Brötle. In einem der zwei ausgestochenen Teigteile kommt danach wiederum der kleine Ausstecher zum Einsatz. Mit seiner Hilfe entweder 1 Loch oder 3 kleine Löcher in der Mitte des Brötles ausstechen. So entstehen Ober- und Unterteil. Beide zehn Minuten backen und dabei noch nicht aufeinandersetzen. Die Gebäckstücke abkühlen lassen.

Nur die Oberteile mit Puderzucker bestäuben, also nur die mit dem Loch. Das bestäubte Oberteil auf das Unterteil setzen. Dann den Fruchtaufstrich durch ein Sieb passieren, gut zwei Minuten aufkochen und noch heiß in das Loch füllen, dadurch kleben die beiden Kekshälften zusammen.

TIPP: *Den Fruchtaufstrich passierst Du deshalb am besten durch ein Sieb, weil Du ihn ohne Kerne viel leichter in die Brötle einfüllen kannst.*

Rezept: Lisa **Rudiger**

Zubereitung: mittel
Backzeit: 10 + 15 Minuten bei 175 Grad
Ergibt 30 Stück, Stellrahmen 20 x 24 cm

MEINE NEUSTÄDTER
NUSSECKEN

MÜRBETEIG

100 g	**Butter**
50 g	**Zucker**
1	**Eigelb**
1 Pr.	**Salz**
150 g	**Mehl**

NUSSMISCHUNG

50 ml	**Sahne**
25 g	**Butter**
50 g	**Zucker**
1 TL	**Honig**
70 g	**gehackte Haselnüsse**
70 g	**gehobelte Mandeln**
100 g	**Zartbitterschokolade**

Zimmerwarme Butter und Zucker miteinander vermischen. Eigelb und Salz dazugeben und zum Schluss mit dem Mehl zu einem Teig kneten. Den Teig in Folie wickeln und kurz kühlen. Den Stellrahmen auf ein mit Backpapier ausgelegtes Blech stellen und einstellen. 24 auf 20 Zentimeter sind perfekt.

Jetzt den Backofen auf 175 Grad Ober-/Unterhitze vorheizen. Den Mürbeteig ausrollen und in den Rahmen einsetzen, s dass er genau reinpasst. Mit einer Gabel Löcher einstechen und den Teig für zehn Minuten vorbacken.

In dieser Zeit die Nussmischung vorbereiten: Die gehackten Haselnüsse in der Pfanne kurz rösten. Sahne, Butter, Zucker und Honig in einem Topf zum Kochen bringen. Sobald die Masse kocht, vom Herd nehmen und die Nüsse einrühren. Diese Mischung auf dem vorgebackenen Mürbeteig gleichmäßig verteilen und zusammen 15 Minuten backen. Abkühlen lassen.

Jetzt den Stellrahmen entfernen und die großen Schnitte schneiden: Dafür zuerst alles in sechs Zentimeter breite Streifen, dann zu Rechtecken schneiden, indem alle fünf Zentimeter ein Schnitt gesetzt wird. Daraus wiederum werden per Diagonalschnitt die Nussecken.

Zwei Drittel der Zartbitterschokolade im Wasserbad schmelzen (bei etwa 40 Grad), vom Herd nehmen und das übrige Drittel dazugeben. So kühlt die Masse direkt auf 31 Grad ab – die perfekte Temperatur für uns. Die erkalteten Nussecken mit den langen Spitzen abtauchen.

TIPP: *Die Nussmasse wird richtig lecker knusprig. Das bedeutet aber auch, dass sie zerbrechlich wird – was das Schneiden erschwert. Am besten schneidest Du die Nussecken deshalb vorsichtig und mit einem sehr warmen, großen Messer.*

Rezept: Walburga **Rombach**

Zubereitung: leicht

Backzeit: 30 Minuten bei 180 Grad

Ergibt 12 bis 15 Stück

PERFEKT ALS KLEINES GESCHENK

LINZER MINIS

TEIG

200 g	**Dinkelmehl**
200 g	**gemahlene Nüsse**
200 g	**Butter**
150 g	**Zucker**
1 Pck.	**Vanillezucker**
1	**Ei**
1 Pr.	**gemahlene Nelken**
1 Pr.	**Muskatnuss**
1 TL	**Zimt**
2 EL	**Kirschwasser**

FÜLLUNG

1 Glas	**Himbeer-Johannisbeer-Marmelade**
	Butter zum Einfetten

Super handlich sind diese Linzer Minis. Sie eignen sich als Mitbringsel oder sogar als kleines, selbstgemachtes Weihnachtsgeschenk, denn sie lassen sich eine ganze Weile lang aufbewahren, wenn man sie nicht doch mal wieder gleich verputzt …

Alle Zutaten für den Teig verkneten und dann mindestens eine halbe Stunde kalt stellen und ruhen lassen.

Den Backofen auf 180 Grad Ober-/Unterhitze vorheizen.

Den Teig nicht zu dünn ausrollen und daraus Kreise in Größe der Muffinformen ausstechen. Diese in die gut gefettete Form legen. Der Teig sollte die gesamte Form bis zum Rand auskleiden. Jetzt die Linzer Minis mit je einem gehäuften Teelöffel Marmelade bestreichen.

Den restlichen Teig ausrollen, mit kleinen Keksausstechern beliebige Formen daraus ausstechen und in der Mitte der Küchlein platzieren. Anschließend mit dem Teig einen schmalen Rand außen herum legen und dann die Linizer Minis 30 Minuten bei 180 Grad backen.

Am besten schmecken die Linzer Minis, wenn man sie einige Tage ruhen lässt – auch wenn das natürlich nicht so einfach ist …

Rezept: Lisa **Rudiger**

Zubereitung: leicht

Backzeit: 10 Minuten bei 170 Grad

Ergibt etwa 70 Kipferl

GROSSMUTTERS BESTE

VANILLEKIPFERL

TEIG

125 g	**Butter**
1	**Eigelb**
150 g	**Puderzucker**
1 Msp.	**Backpulver**
200 g	**Mehl**
100 g	**gemahlene Mandeln**
1	**Vanilleschote**

PUDER

120 g	**Zucker**
2 Pck.	**Vanillezucker**

Ich liebe den Duft und den Geschmack von echter Vanille! Leider aber ist gerade die richtig gute Ware ein teures Vergnügen. Umso wichtiger ist es, dass man die Vanilleschoten wirklich komplett nutzt. Nach dem Auskratzen der Schoten kann man diese zum Beispiel in einer Flasche Wodka einlegen. Der Alkohol hat fast keinen Eigengeschmack, holt aber gut das Vanillearoma heraus. Den Wodka mit Vanille könnt ihr beim Backen ganz einfach zum Aromatisieren verwenden, denn der Alkohol verfliegt schnell und zurück bleibt das herrliche Vanille-Aroma!

Backofen auf 170 Grad Ober-/Unterhitze vorheizen und ein Blech mit Backpapier auslegen.

Die Vanilleschote auskratzen und das Mark mit der zimmerwarmen Butter und dem Puderzucker verrühren, dann das Eigelb hinzugeben und weiter verrühren. Danach die trockenen Zutaten zusammen vermischen und mit der Buttermischung zu einem Teig verkneten.

Nun in einem flachen Blech den Zucker mit dem Vanillezucker für später mischen. Aus dem Teig kleine Kipferl formen, dabei eher klein anfangen – etwa bei vier Zentimetern – weil die Kipferl noch aufgehen.

Zehn Minuten bei 170 Grad hell backen. Danach die Kipferl in dem selbst gemischten Vanillezucker wälzen, auf ein separates Blech legen und vollständig auskühlen lassen.

TIPP: *Die Vanillekipferl kannst Du gerne etwas heller backen. Der Teig ist dann extra mürbe. Wenn die Kipferl dunkler werden, werden sie eher hart.*

Rezept: Lisa **Rudiger**

Zubereitung: knifflig

Backzeit: 10 Minuten bei 200 Grad

Ergibt 60 Stück

SELBST GEMACHTE

DOMINOSTEINE

TEIG

- 125 g **Honig**
- 15 ml **Milch**
- 60 g **Weizenmehl**
- 65 g **Roggenmehl**
- 1 **Eigelb**
- 5 g **Natron**
- ½ TL **Lebkuchengewürz**
- **Milch zum Bestreichen**
- **Mehl für die Arbeitsfläche**

FÜLLUNG

- 230 g **Marzipanrohmasse**
- 20 g **Puderzucker**
- 100 g **Aprikosenmarmelade**
- 100 g **Orangenmarmelade**
- 300 g **Zartbitterschokolade**

HILFSMITTEL

- **Pralinengabel**

Honig mit der Milch aufkochen und direkt vom Herd nehmen. In dieser Zeit beide Mehle mit dem Lebkuchengewürz mischen, dann mit dem Eigelb und dem warmen Honig-Milch-Gemisch zu einem Teig kneten. Erst zum Schluss das Natron beigeben und **24 Stunden ruhen lassen.**

Ofen auf 200 Grad Ober-/Unterhitze vorheizen. Den Teig auf einer bemehlten Arbeitsfläche einen Zentimeter dick ausrollen, am besten gleich zu einem Rechteck von etwa 15 auf 20 Zentimeter. Mit Milch abstreichen und für zehn Minuten backen. Die Lebkuchenplatte dann auf einem Gitter auskühlen lassen.

Beide Marmeladen durch ein Sieb passieren und mischen. Lebkuchenplatte dünn mit nur ein wenig von der Marmeladenmischung bepinseln. Marzipanrohmasse mit dem Puderzucker verkneten und so ausrollen, dass sie genau auf die Lebkuchenplatte passt. Dann das Marzipan leicht auf der Lebkuchenplatte andrücken. Die übrige Marmeladenmischung gut drei Minuten einkochen und über das Marzipan giesen. Die Platte zwei Stunden stehen lassen, damit die Marmelade anziehen kann.

Aus der Platte nun Steine von 2,5 auf 2,5 Zentimeter schneiden. Zwei Drittel der Zartbitterschokolade im Wasserbad schmelzen (bei etwa 40 Grad), vom Herd nehmen und das übrige Drittel dazugeben. So kühlt die Masse direkt auf 31 Grad ab – die perfekte Temperatur für uns.

Die nackten Dominosteine mit Hilfe einer Pralinengabel mit der Schokolade überziehen, auf einem Backpapier absetzen und anziehen lassen.

TIPP: *Das Bepinseln der Lebkuchenplatte mit einem Hauch Marmelade hat zwei Hintergründe: Erstens kleben Lebkuchen und Marzipan dadurch besser zusammen. Und zweitens bekommt der Lebkuchen so Feuchtigkeit und lässt sich besser schneiden.*

Rezept: Lisa **Rudiger**

Zubereitung: leicht

Backzeit: nur kurz aufkochen

Ergibt 50 Kugeln mit Ø 2,5 cm

UNSERE BESTEN SCHWARZWÄLDER

RUMKUGELN

ZUTATEN

100 g	**Sahne**
200 g	**Vollmilch-schokolade**
45 ml	**Wildbart!-Rum**
150 g	**Biskuitbrösel**
200 g	**dunkle Schoko-streusel**

Vollmilchschokolade grob hacken und in eine Schüssel geben. Sahne aufkochen, über die Schokolade gießen und verrühren.

Den Rum hinzugeben. Die Biskuitbrösel unter die Masse heben und kurz kühl stellen. Wenn Ihr den Biskuit selber machen möchtet: Das Rezept dazu findet Ihr in der Backschule. Ansonsten aber taugt für die Rumkugeln auch einfach fertiger Biskuit aus der Packung oder Du verwertest die Abschnitte eines anderen Kuchens.

Wichtig für die Rumkugeln ist, den richtigen Moment zu erwischen, in dem es aus der Kühlung wieder raus und zur Weiterverarbeitung geht: Die Masse sollte noch gut formbar sein und die Schokostreusel gut aufnehmen, zu flüssig darf sie aber nicht sein.

Die Schokoladenstreusel kleben natürlich besser, wenn die Masse noch eher weich ist. Völlig hart wird sie aber nie und außerdem hilft die natürliche Handwärme dabei, die Streusel und Kugeln zu verbinden.

Schließlich nur noch Kugeln formen und durch die Streusel rollen. Je nach Festigkeit dauert es dabei unterschiedlich lange, bis die Streusel an den Kugeln kleben. Lecker wird's so oder so. Versprochen!

Das mit dem Kühlstellen klingt schwerer, als es ist. Du kannst dabei nichts falsch machen, es dauert im Zweifel nur etwas länger. Wie fest Du die Masse dann zu Kugeln rollst, ist meines Erachtens Geschmackssache.

Rezept: Lisa **Rudiger**

Zubereitung: leicht
Backzeit: 15 Minuten bei 180 Grad
Ergibt 5 Stück

UNSER TRADITIONELLES SUPERFOOD

FRÜCHTEBROT

TEIG

500 g	**Trockenfrüchte**
50 ml	**Rum**
125 ml	**Wasser**
50 g	**Mandelblättchen**
75 g	**gehackte Haselnüsse**
1 TL	**Trockenhefe**
100 g	**Dinkelmehl**
½ TL	**Zimt**

DEKORATION

10	**Belegkirschen**
50 g	**Mandeln**

Trockenfrüchte klein schneiden. Wasser mit dem Rum erwärmen, aber nicht kochen lassen. Diese Mischung über die geschnittenen Früchte gießen und vermengen. **Über Nacht ziehen lassen.**

Am nächsten Tag die trockenen Zutaten mischen und zusammen mit den Früchten zu einem Teig kneten. Wichtig dabei: Nur kurz verkneten, damit die Früchte ihre Struktur erhalten.

Ofen auf 180 Grad Ober-/Unterhitze vorheizen. Fünf kleine Brote formen, mit den Kirschen und Mandeln verzieren und 15 Minuten backen.

TIPP: *Wenn die Brote aus dem Ofen kommen, kannst Du sie gern noch einmal kurz mit Rum bepinseln. Das gibt ihnen Feuchtigkeit und einen natürlich leckeren Glanz.*

Rezept: Lisa **Rudiger**

Zubereitung: knifflig

Backzeit: 15–20 Minuten bei 180 Grad

Ergibt 12 Stück

FRISCH GEBACKENE

WEIHNACHTSBÄUME

TEIG

60 g	**Butter**
1 Pr.	**Salz**
50 g	**Zucker**
1	**Ei**
1 Msp.	**Backpulver**
60 g	**Mehl, Type 405**
½ TL	**Kakaopulver**
1 EL	**Mandelsirup**

DEKORATION

12	**Mini-Waffelbecher**
250 g	**Pistazienmarzipan**
1	**Eiweiß**
200 g	**Puderzucker**
30–40	**Dekorkugeln**

Ein Backblech mit Backpapier auslegen, die Mini-Waffelbecher auf das vorbereitete Backblech stellen, den Backofen auf 180 Grad Ober-/Unterhitze vorheizen.

Die weiche Butter und die Prise Salz mit dem Zucker schaumig rühren, nach und nach das Ei unterrühren. Backpulver und Kakao mit Mehl mischen und kurz unter die schaumige Masse rühren. Zum Schluss den Sirup dazugeben. Den Teig in einen Spritzbeutel mit Lochtülle füllen und die Waffelbecher zu zwei Dritteln füllen. Die gefüllten Waffelbecher im Backofen 15 bis 20 Minuten backen, danach abkühlen lassen.

Aus dem Pistazienmarzipan für jeden Kuchen einen Kegel von etwa zehn Gramm Masse formen. Daraus je zwei große Sterne und einen kleinen Stern ausstechen. Damit auf dem Kuchen einen Tannenbaum aufstellen.

Eiweiß mit dem Puderzucker verrühren, in eine Spritztüte füllen und den Weihnachtsbaum damit und mit den Dekokugeln schmücken.

TIPP: *Das Marzipan stichst Du erst mal aus. Knifflig macht's nur das Modellieren zum perfekten Baum. Die Prise Salz (also so viel, wie zwischen zwei Finger passt) gibst Du deshalb dazu, weil Salz den Geschmack der Süße unterstützt.*

Rezept: Walburga **Rombach**

Zubereitung: knifflig
Backzeit: 35 Minuten bei 180 Grad
Ergibt eine Torte mit Ø 30 cm

ZAUBERHAFTE

WEISSE WEIHNACHTSTORTE

BISKUIT

7	**Eiweiß**
280 g	**Zucker**
7	**Eigelb**
200 g	**Mehl**
150 g	**Mondamin**
80 ml	**Cointreau**
1 Glas	**Johannisbeergelee**

SCHOKOFÜLLUNG

4 Blatt	**Gelatine**
250 g	**Sahne**
300 g	**weiße Kuvertüre**
450 g	**Sahne**
2 EL	**Kakao**
1000 ml	**Sahne**
	weiße Schokospäne zum Bestreuen
	verstellbarer Tortenring

Für den Teig das Eiweiß sehr steif schlagen, den Zucker einrieseln lassen und das Eigelb unterrühren. Mehl und Mondamin daraufsieben und unterheben. Die Masse in eine 28er-Springform füllen, glatt streichen und im vorgeheizten Ofen bei 180 Grad Ober-/Unterhitze 35 Minuten backen.

Derweil die Gelatine in kaltem Wasser einweichen. 250 Milliliter Sahne aufkochen, zuerst die weiße Kuvertüre und anschließend die eingeweichte Gelatine darin auflösen.

Den fertigen Boden abkühlen lassen. Das obere Drittel des Biskuitbodens abschneiden. Beide Böden mit Cointreau (oder Orangensaft) tränken. Den dünneren Boden einen halben Zentimeter dick mit Johannisbeergelee bestreichen. Die 450 g Sahne steif schlagen, zwei Esslöffel Kakao unterrühren und 175 Gramm der vorbereiteten Schokofüllung mit der weißen Kuvertüre unterziehen. Diese fluffige Schokocreme kuppelförmig auf den unteren Boden geben (dabei einen Rand lassen) und einen verstellbaren Tortenring darumlegen.

Den zweiten Boden (mit Gelee nach unten) auf die dunkle Schokomasse drücken. Jetzt den Liter Sahne aufschlagen, die noch übrige Schoko-Sahne-Masse unterziehen und kuppelförmig aufstreichen. Den Tortenring entfernen und die Torte rundherum noch mit den weißen Schokospänen bestreuen.

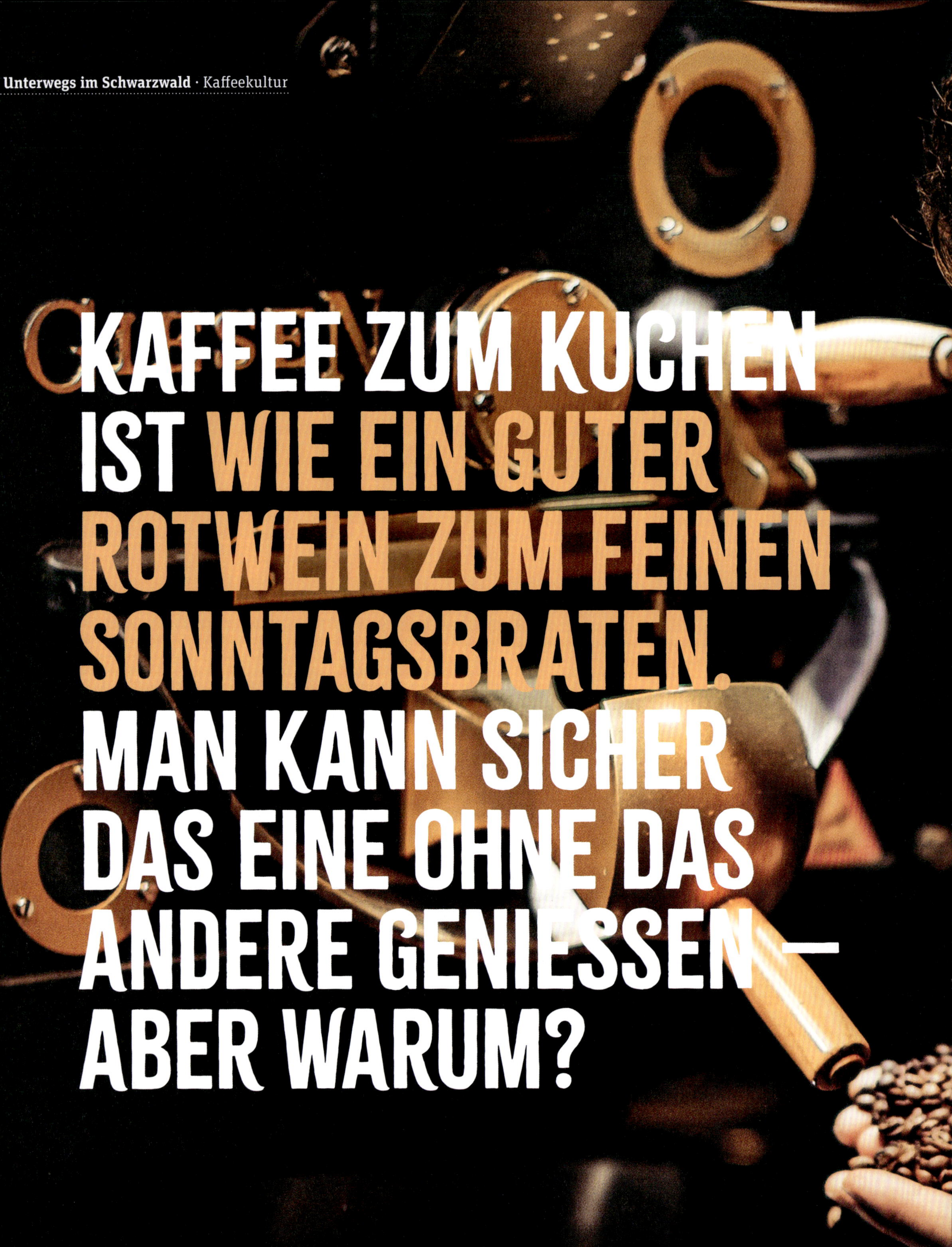

KAFFEE ZUM KUCHEN IST WIE EIN GUTER ROTWEIN ZUM FEINEN SONNTAGSBRATEN. MAN KANN SICHER DAS EINE OHNE DAS ANDERE GENIESSEN – ABER WARUM?

DIE GUTEN INS TÄSSCHEN …

DER PERFEKTE BEGLEITER FÜR KUCHEN UND TORTEN? NA, KAFFEE! AUCH WENN DIE BOHNEN AUF FELDBERG, HORNISGRINDE ODER BELCHEN NICHT WACHSEN – IM SCHWARZWALD FINDEN SICH IMMER MEHR FEINE RÖSTEREIEN, DIE UNS NEUE GESCHMACKSNUANCEN ENTDECKEN LASSEN …

Die Ofentür geht auf und meine Küche wird vollends geflutet vom leckeren Duft einer wunderbaren Birnentarte. Dazu kitzelt eine Spur Kaffeeduft in der Nase, der gerade gurgelnd durch die Espressomaschine läuft. Perfekt! Denn Kaffee ist und bleibt für mich sommers wie winters der wichtigste Begleiter für Kuchen, Torten, Plätzchen und Co. Zum Glück hat sich in Sachen Qualität und Auswahl einiges getan in den vergangenen Jahren – denn im Schwarzwald hat es inzwischen eine ganze Reihe großartiger Röstereien. Und eine davon suchen wir nachher auf.

Die Zubereitung von Kaffee hat sich bei vielen meiner Freunde zu einer eigenen Wissenschaft entwickelt: Welche Maschine? Welcher Mahlgrad zu welcher Raumfeuchte? Was tun mit der Wasserhärte, dem Pumpendruck, der Durchlaufzeit? Mir persönlich ist die Bohne selbst wichtig: ihre Qualität, die perfekte Röstung und eine faire Bezahlung für die Menschen am anderen Ende der Welt. Denn denen verdanken wir doch unseren Kaffeegenuss! Und sie sollten die Chance haben, genug Geld für ihren Kaffee zu bekommen, um sorgfältig mit der Natur umzugehen.
Passend zu diesem Mindset gibt es bei uns im Schwarzwald viele kleine, feine Röstereien, die auf diese Dinge achten. Heute geht es zu Carabica nach Kirchzarten, wo sich Gründer Lars Györvari fine coffee culture auf die Fahnen geschrieben hat. In seinen Regalen reihen sich Spezialitätenkaffees mit verlockenden Geschmacksnoten: Schokolade, Nuss, Mandel oder Honig, Aprikose, Butterkeks. Das wirklich Besondere aber ist: Diese Kaffees schmecken von Natur aus so und brauchen keine zugesetzten Aromen.

Neben den Spezialitätenkaffees findet sich hier auch eine kleine Auswahl an besonderem Equipment zur Zubereitung. Schönes aus Messing und Glas, Handfilter aus Porzellan und die French Press aus Edelstahl. Mittendrin steht eine wundersame Konstruktion, die mich neugierig macht. „Das ist ein Cold Brew Maker. Hier wird das Kaffeepulver mit kaltem Wasser angesetzt, und der Cold Brew kommt danach für einige Stunden zum Durchziehen in den Kühlschrank. Herrlich erfrischend!“, schwärmt Lars.
Klingt gut, ich hab für den Moment aber erst mal Lust auf einen g'scheiten Espresso. „Geht mir genauso“, sagt der Kaffeemeister, lacht und schmeißt seine Maschine an, die sich hinten schon mal in Betriebstemperatur bringen durfte und uns mit leisen Vorwärmschmurgelgeräuschen in den zweiten Teil des Ladens lockt. Auch wenn sich die professionelle Kaffeebar ziemlich beeindruckend zeigt, das Zentrum dieses Raumes bildet ein großer Tisch. Hier wandern die frisch gerösteten Böhnchen in ihre Verpackung. „Der Tisch dient nicht nur zum Verpacken und Etikettieren. Ich möchte hier bald wieder Coffee Cupping anbieten und vielleicht auch

Passt alles? Um einen ausgezeichneten Kaffee in die Tasse zu bekommen, müssen Bohnenmischung sowie Temperatur und Dauer des Röstvorgangs genau stimmen. Lars Györvari weiß, worauf es beim richtigen Blend ankommt

Beste Beziehungen: Lars röstet seinen Rohkaffee in der Rösterei 5 Senses Coffee in Freiburg, die selbst größten Wert auf Qualität und faire Anbaubedingungen legt. Das Trommelröstverfahren erhitzt die Bohnen nur langsam und nicht so heiß wie bei einer industriellen Röstung. Das sorgt für mehr Aroma

Workshops rund ums Thema Kaffee." Eine Kaffee-Verkostung wie eine Weinprobe – bei dieser Aromen-Expedition bin ich doch gern dabei!
Neben dem großen Tisch warten schon jetzt frisch geröstete Kaffeebohnen in großen Blechdosen auf ihre Bestimmung. Hier kann nach Herzenslust an verschiedenen Sorten geschnuppert werden, auch an Rohbohnen. Wie die riechen? Lars lächelt, packt sich einen großen Kanister und schwupp haben wir den feinen Duft nach frischem Heu im Näschen, die Optik erinnert etwas an hellgrüne, getrocknete Erbsen.

„Was das Rösten betrifft, habe ich als Autodidakt begonnen", erzählt er mir schmunzelnd. Die Mitarbeit bei der Murnauer Kaffeerösterei, ein Röstkurs bei Probat, Reinschnuppern bei den Kaffeemachern in Basel und die Unterstützung der Meisterröster bei 5 Senses Coffee – Schritt für Schritt wurde Lars zum Profi. Die guten Beziehungen zur Freiburger Rösterei 5 Senses Coffee halten bis heute an, dort nutzt er das Equipment zum Rösten eigenen Rohkaffees. „Wir sind keine Konkurrenten. Es ist großartig, dass wir uns im Bereich der Spezialitätenkaffees gegenseitig unterstützen und austauschen. Wir wollen damit ja auch erreichen, dass mehr Menschen qualitativ hochwertigen und fair gehandelten Kaffee trinken." Den Kaffee von 5 Senses kann man übrigens in den hauseigenen Cafés in Herdern und Vauban genießen oder online bestellen.
Anbaugebiet, Pflanze, Höhenlage, Ernteverfahren, auch die Art der Trocknung spielen eine wesentliche Rolle im Leben einer Kaffeebohne – und doch entscheidet erst das Röstverfahren über die geschmackliche Zukunft der Rohkaffees. Beim Rösten werden mehrere wichtige Prozesse in Gang gesetzt. Der in den Bohnen enthaltene Zucker karamellisiert bei 160 bis 190 Grad. Zwischen 165 und 210 Grad entsteht dann das Röstaroma, dabei entwickeln sich neue Geschmacksstoffe. Temperatur und Hitzekurve sind beim Röstverfahren von ganz zentraler Bedeutung. Während eine industrielle Röstung die Bohnen zwei bis sieben Minuten lang bei 400 bis 800 Grad durch den Röster jagt, erspart die schonende Langzeitröstung den zarten Böhnchen diesen Parforceritt. Hier dürfen sich die Bohnen bis zu 25 Minuten lang genüsslich entfalten, feinste Aromen aufbauen und bekommen auch die nötige Zeit, um sich ungewollter Säuren zu entledigen. Kurz gefasst: Ein schonendes Röstverfahren führt zu einem besseren Geschmack und einem ausgeprägteren Aroma. Und genau davon überzeuge ich mich jetzt mit einer zweiten Tasse Espresso. Das Pfund für daheim liegt derweil schon im Einkaufskorb. Morgen wird schließlich wieder gebacken!

Wer auf der Suche nach dem Röster seines Vertrauens ist, sollte sich bei den Kaffeedealern der Region umsehen: in Arnolds Kaffeemanufaktur in Offenburg (mit tollem Café!), bei Volker Hubers Kaffeesack in Achern, der Rösterei Urban in Rheinau, Maurer Kaffeewelten in Willstätt, Röstfrisch in Donaueschingen, bei 5 Senses Coffee oder Elephant Beans in Freiburg oder auch der Hochschwarzwälder Kaffeerösterei in Löffingen.

Rezept: Lisa **Rudiger**

Zubereitung: leicht
Backzeit: 25 Minuten bei 175 Grad
Ergibt 1 Tarte mit Ø 26cm

MIT BADISCHEM HEIDELBEER-GIN-AUFSTRICH

SCHOKOLADEN-TARTE

MÜRBETEIG

100 g	**Butter**
50 g	**Zucker**
1	**Eigelb**
1 Pr.	**Salz**
150 g	**Mehl**
etwas	**Butter** und
etwas	**Mehl,** um die Form zu fetten und zu mehlen

FÜLLUNG

240 g	**Heidelbeer-konfitüre**
2 EL	**Weißbart!-Gin**
175 g	**Vollmilch-schokolade**
175 g	**Zartbitter-schokolade**

DEKORATION

Heidelbeeren
Konfitüre

HILFSMITTEL

Linsen zum Blindbacken

Zwischen Juli und September lassen sich bei uns im Schwarzwald an vielen Stellen wilde Heidelbeeren finden. Gerade entlang der Schwarzwaldhochstraße wachsen im Halbschatten lichter Wälder richtige Felder. Wichtig ist nur, dass man dabei nicht versehentlich das Gebiet des Nationalparks betritt (dort ist das Pflücken verboten) und die vom Aussterben bedrohten Auerhühner stört. Wer auf Nummer sicher gehen will: In Enzklösterle gibt es einen ausgewiesenen Heidelbeerpfad.

Alle Zutaten für den Mürbeteig vorbereiten – sie sollten zimmerwarm sein. Butter und Zucker zuerst vermischen, dann Eigelb und Salz dazugeben. Zum Schluss alles zusammen mit dem Mehl zu einem Teig kneten. Den Teig in Folie wickeln und mindestens eine Stunde kühlen.

Den Teig ausrollen, auf die Form anpassen, mit Backpapier auslegen und die trockenen Linsen darauf verteilen. Anschließend 25 Minuten bei 175 Grad backen. Nach dem Abkühlen die Linsen mit dem Backpapier entfernen, den Tarte-Boden aus der Form nehmen und auf eine Kuchenplatte setzen.

Nun die Heidelbeerkonfitüre mit dem Gin glatt rühren, je nach Geschmack und Konsistenz kann auch ein Löffel mehr dazugegeben werden. Die streichfähige Konfitüre auf den Mürbeteigboden verteilen. Eine kleine Menge für die Dekoration zurückhalten.

Die Schokolade grob zerkleinern und mischen, kochende Sahne darübergießen und so lange rühren, bis die Schokolade komplett geschmolzen ist. Die Tarte damit auffüllen.

Eine Stunde stehen lassen und anschließend dekorieren.

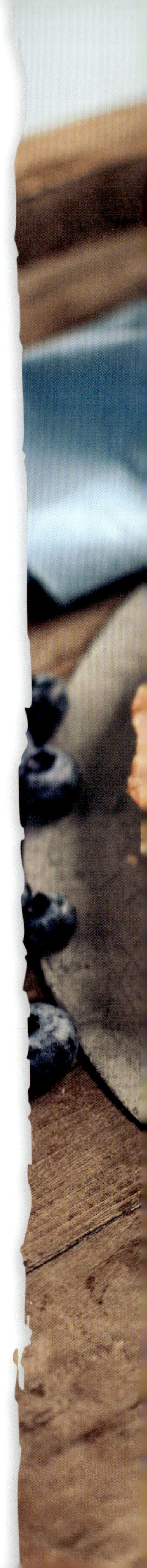

Rezept: Lisa **Rudiger**

Zubereitung: knifflig

Backzeit: 30 Minuten bei 180 Grad

Ergibt 20 Würfel

MIT APRIKOSEN-RUM-FÜLLUNG

SCHOKOLADEN-WÜRFEL

BISKUIT

6 **Eier**
200 g **Zucker**
1 Pr. **Salz**
3 EL **Kakaopulver**
1 TL **Backpulver**
200 g **Mehl**

etwas **Butter,** um den Rand zu fetten

FÜLLUNG

500 g **Aprikosenkonfitüre**
50 g **Rum**

ÜBERZUG

300 g **Vollmilchschokolade**
100 g **Zartbitterschokolade**

HILFSMITTEL

Stellrahmen oder eckige Backform 25 auf 20 cm

Backofen auf 180 Grad vorheizen. Ring oder Form fetten. Den Ring kann man alternatIv auch in Backpapier einschlagen.

Die Eier trennen und die Eiweiße mit einer Prise Salz und 100 Gramm Zucker steif schlagen. Die Eigelbe mit dem übrigen Zucker schaumig rühren. Zuerst die Eigemische miteinander mischen, dann die trockenen Zutaten sieben und unterheben. Die Biskuitmasse in die Backform geben, glatt streichen und für etwa 30 Minuten backen.

Nach dem Abkühlen den Biskuit in drei flache Böden schneiden. Aprikosenkonfitüre mit dem Rum glatt rühren, auf jeder Ebene verstreichen und die Schichten wieder zusammensetzen. Gut zusammendrücken und am besten 2 Stunden kühlen.

Für die Schokoladenrollen einfach zwei Drittel der Zartbitterschokolade auf dem Wasserbad schmelzen und mit dem übrigen Drittel wieder abkühlen. Ganz dünn auf Backpapier aufstreichen. Sobald die Schokolade matt wird, mit einem Schaber so die Schokolade hobeln, dass diese sich aufrollt.

200 Gramm der Vollmilchschokolade auf dem Wasserbad schmelzen. Das passiert bei etwa 40 Grad. Dann mit den übrigen 100 Gramm die Schokolade wieder auf etwa 30 Grad abkühlen. Aus dem großen Kuchenquadrat nun 5 auf 5 Zentimeter große Würfel schneiden, mit einer Gabel aufspießen und kopfüber in die Schokolade tauchen. Auf einem Gitter kurz abtropfen lassen und gleich mit einer Schokoladenrolle dekorieren.

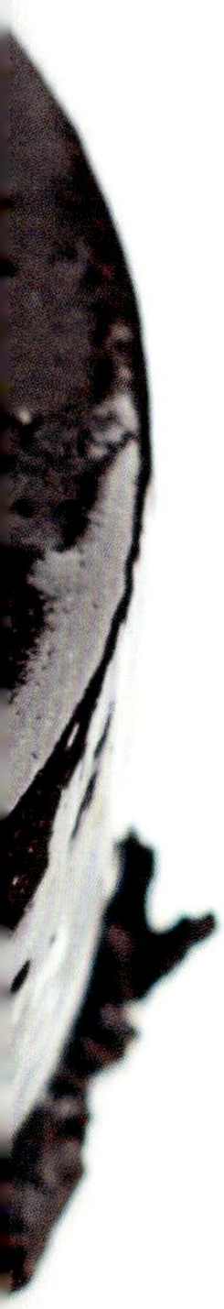

Rezept: Marina **Wiehl**

Zubereitung: knifflig
Backzeit: 20 Minuten bei 180 Grad
Ergibt 1 Torte Ø 18 cm

MIT ROSMARIN

SCHOKOLADEN-APRIKOSEN-TORTE

APRIKOSEN-ROSMARIN-FRUCHTKERN

- 500 g **Aprikosen**
- 1 Pr. **Salz**
- 1–2 **Zweige Rosmarin**
- 30 g **Zucker**
- 4 g **Gelatine**
- **Silikonform** (18 cm)

DUNKLER BISKUIT

- 2 **Eier**
- 50 g **Zucker**
- 1 Pr. **Salz**
- 50 g **Dinkelmehl,** Type 630
- 15 g **Kakaopulver**
- **Springform** (18 cm)

SCHOKOLADEN-MOUSSE

- 225 g **Zartbitterschokolade** (70 %)
- 400 g **Sahne**
- 100 g **Zucker**
- 1 **Ei**
- 4 **Eigelbe**
- 11 g **Gelatine**

Am ersten Tag die Gelatine in kaltem Wasser einweichen und 10 Minuten quellen lassen. Die Aprikosen waschen, entsteinen und in kleine Würfel schneiden. Die Rosmarinnadeln sehr fein hacken. Die Hälfte der Aprikosen mit Zucker, Salz und Rosmarin in einen Topf geben und 5 bis 10 Minuten einkochen. Die eingeweichte Gelatine einrühren und zuletzt die übrigen Aprikosenwürfel dazugeben. Dieses Aprikosenkompott in eine Silikonform oder den mit Frischhaltefolie eingewickelten Tortenring füllen und mindestens 3 Stunden oder aber am besten **über Nacht** in den Gefrierschrank stellen.

Den Ofen auf 180 Grad Ober-/Unterhitze vorheizen. Die Springform fetten. Dann die Eier mit Zucker und Salz in einer Schüssel schaumig schlagen, bis die Masse schön hell wird. Mehl und Kakaopulver in die Masse sieben, vorsichtig unterheben und in die Form füllen. Den Biskuit 20 Minuten backen, dann auf einem Gitter vollständig auskühlen lassen.

Für die Mousse Schokolade im Wasserbad schmelzen. Gelatine in kaltem Wasser mindestens 10 Minuten einweichen. Die kalte Sahne in einer Schüssel nicht zu fest aufschlagen und kalt stellen. Vollei, Eigelbe und den Zucker in eine Schüssel geben und im Wasserbad unter ständigem Rühren auf 84 Grad erhitzen. Wichtig: Immer am Boden entlang rühren, damit das Ei nicht stockt! In die warme, leicht geschlagene Masse die Gelatine geben und darin auflösen. Die Eiermasse durch ein Sieb in die bereits geschmolzene Schokolade geben und gut umrühren. Sobald die Masse 40 Grad erreicht hat, kann die Sahne in zwei bis drei Schritten langsam untergehoben werden.

SPIEGELGLASUR

180	**Puderzucker**
75 g	**Wasser**
70 g	**Kakaopulver**
140 g	**Sahne**
8 g	**Gelatine**

Den Biskuit aus dem Ring lösen und die obere Backhaut mit einem Messer entfernen, sodass der Biskuit gerade ist. Den Biskuit mittig in die Silikonform legen und die Hälfte der Schokoladen-Mousse einfüllen. Die Mousse sollte so zwischen Form und Biskuit verteilt werden, dass später von außen kein Boden sichtbar ist. Dann den Fruchtkern aus dem Gefrierfach nehmen, herauslösen und mittig auf die Schokoladen-Mousse drücken. Jetzt für die Deko, falls gewünscht, ein bisschen von der Mousse abteilen und abgedeckt in den Kühlschrank stellen. Den Rest auf der Torte verteilen und möglichst glatt verstreichen. Die Torte für mindestens 6 Stunden, am besten aber **über Nacht** in den Gefrierschrank stellen.

Am dritten Tag für die Spiegelglasur Gelatine in kaltem Wasser einweichen. Puderzucker, Kakaopulver und Wasser in einen Topf geben und mit dem Schneebesen verrühren. Die Sahne dazugeben, einrühren und das Ganze einmal gut aufkochen. Die Gelatine einrühren und vollständig auflösen. Die Glasur durch ein Sieb in einen Messbecher oder eine Kanne füllen. Die Spiegelglasur sollte auf etwa 30 Grad runtergekühlt sein, bevor sie über die gefrorene Torte gegossen wird.

Die Torte am besten auf ein Gitter stellen, so kann die überschüssige Glasur einfach abtropfen. Sobald die Glasur zu stocken beginnt, die Torte mit einer Palette vom Gitter nehmen und auf eine Tortenplatte geben. Die Schokoladentorte mit der übrigen Mousse, Aprikosen und ein bisschen Rosmarin dekorieren.

Für eine klassische Mousse au chocolat (gerade wenn noch ein Tropfen Rum hineinkommt) ist Zartbitter-Schokolade mit 55 bis 70 Prozent Kakaoanteil perfekt. Wer es süßer mag, mischt einfach Zartbitterschokolade mit Milchschokolade im Verhältnis 1:1.

Rezept: Lisa **Rudiger**

Zubereitung: leicht
Backzeit: 10–15 Minuten bei 180 Grad
Ergibt 1 Pizza

LISAS GELIEBTE SCHOKO-PIZZA

HEFETEIG

60 ml	**Milch**
25 g	**Butter**
30 g	**Zucker**
¼	**Würfel Hefe**
125 g	**Mehl**
1	**Eigelb**
1	**Eigelb zum Bestreichen**

BELAG

100 g	**Sahne**
200 g	**Zartbitterschokolade**
20 g	**weiße Schokoladenspäne**
	Erdbeeren
	Basilikum

Eines meiner absoluten Lieblingsgerichte! Der fluffige Hefeteig erinnert mit dem Schokobelag manche Leckermäuler an Amerikaner, wie es sie früher bei jedem Bäcker gab. Die Kombination aus Basilikum, Erdbeer und Schokolade mag auf den ersten Blick ein bisschen verwegen sein – aber ich finde sie großartig! Viel Spaß damit, Ihr lieben Pizzaiolos!

Milch, Butter, Zucker mit der Hefe leicht erwärmen und verrühren. Dann mit dem Mehl und dem Eigelb zu einem Teig verkneten. Den Teig eine halbe Stunde an einem warmen Ort gehen lassen. Derweil den Backofen auf 180 Grad vorheizen.

Den Teig von Hand wie einen Pizzaboden auf dem mit Backpapier ausgelegten Backblech ausbreiten. Dabei den Rand etwas dicker lassen und mit Eigelb bestreichen. 10 Minuten ruhen lassen. Dann ohne Belag 10 bis 15 Minuten backen.

Die Schokolade fein hacken, Sahne aufkochen, heiß darüber gießen und verrühren. Die Masse mit einer Schöpfkelle auf den gebackenen Boden verteilen und mit Erdbeeren, weißen Schokoladenspänen und Basilikum wie eine Pizza dekorieren.

TIPP: *Gerade Kindern ist dunkle Schokolade manchmal zu herb. In diesem Fall die Zartbitterschokolade einfach durch Vollmilchschokolade ersetzen.*

Rezept: Lisa **Rudiger**

Zubereitung: leicht

Backzeit: 10 Minuten bei 180 Grad

Ergibt 10 Gläschen

MIT PFIRSICH UND CRÈME FRAÎCHE

SCHOKOKUCHEN AUS DEM GLAS

ZUTATEN

70 g	**Butter**
70 g	**Zucker**
140 g	**Mehl**
1 TL	**Kakaopulver**
1 Dose	**Pfirsiche**
200 g	**Crème fraîche**
80 g	**weiße Schokolade**
120 g	**geschlagene Sahne**

Wenn Du fruchtiges Tiramisu magst, dann wirst Du dieses schnell gemachte Dessert auch lieben. Statt mit Löffelbiskuit arbeiten wir aber mit dunklen Streuseln als Teig, dazu kommt eine fruchtig-frische Mischung aus Crème fraîche, Pfirsich und weißer Schokolade. Wenn Ihr es mal ein wenig variieren wollt: Das Rezept funktioniert auch mit anderem Obst wie eingelegten Mandarinen oder Birnen, mit entsteinten Kirschen oder natürlich auch frischen Heidelbeeren!

Backofen auf 180 Grad vorheizen und ein Backblech mit Backpapier vorbereiten.

Aus weicher Butter, Zucker, Mehl und Kakao Streusel herstellen, auf dem Backblech auslegen und 10 Minuten backen.

Pfirsiche abseihen und in kleine Stücke schneiden. Die Crème fraîche zusammen mit der weißen Schokolade vorsichtig auf dem Herd schmelzen. Wenn die Masse nicht mehr warm ist, diese unter die geschlagene Sahne heben.

Nun die Gläser bereitstellen und Streusel, Pfirsiche und Creme nach Wunsch schichten.

TIPP: *Mit weißer, fein geriebener Schokolade kann man gerade schokoladige Rezepte wunderbar dekorieren!*

Rezept: Lisa **Rudiger**

Zubereitung: mittel
Backzeit: 30 Minuten bei 180 Grad
Ergibt 1 Torte mit Ø 20 cm

MIT SALZIGEM KARAMELL UND FEINEM BISKUIT

SCHOKOSAHNE

BISKUIT

- **5** **Eier**
- **1 Pr.** **Salz**
- **180 g** **Zucker**
- **1 TL** **Backpulver**
- **180 g** **Mehl**
- **1 TL** **Kakaopulver**
- **Butter,** um den Ring zu fetten

FÜLLUNG

- **500 g** **geschlagene Sahne**
- **20 g** **Zucker**
- **100 g** **flüssige Sahne**
- **200 g** **Vollmilch-schokolade**

- **120 g** **Salzkaramellcreme** (aus dem Glas)
- **Schokoladenspäne** für die Dekoration

HILFSMITTEL

Spritzbeutel mit einer Sterntülle

Den Backofen auf 180 Grad vorheizen und Ring oder Form fetten. Den Ring kann man alternativ auch in Backpapier einschlagen.

Eier trennen und Eiweiß mit einer Prise Salz und 100 Gramm Zucker steifschlagen. Die Eigelbe mit dem übrigen Zucker schaumig rühren. Zuerst die Eigemische miteinander mischen, dann die trockenen Zutaten sieben und unterheben. Die Biskuitmasse abfüllen, glatt streichen und für etwa 30 Minuten backen.

500 Gramm Sahne mit dem Zucker steif schlagen. Die flüssige Sahne zum Kochen bringen, über die grob gehackte Schokolade gießen und so lange rühren, bis die Schokolade geschmolzen ist. Wenn die Schokosahne abgekühlt ist, unter die geschlagene Sahne ziehen.

Nach dem Abkühlen Biskuit in drei Scheiben schneiden. Dann zuerst die Karamellcreme auf dem Boden verteilen und anschließend mit der Schokosahne bedecken. Das ganze so oft wiederholen, bis kein Biskuit mehr übrig ist. Etwas Sahne übrig lassen, um die Rosetten aufzudressieren. Zum Schluss noch mit den Schokoladenspänen dekorieren.

TIPP: *Damit sich das Salzkaramell gut verteilen lässt und wie auf dem Bild schön an den Seiten herunterläuft, kann man es ein wenig erwärmen. Achtung: maximal handwarm!*

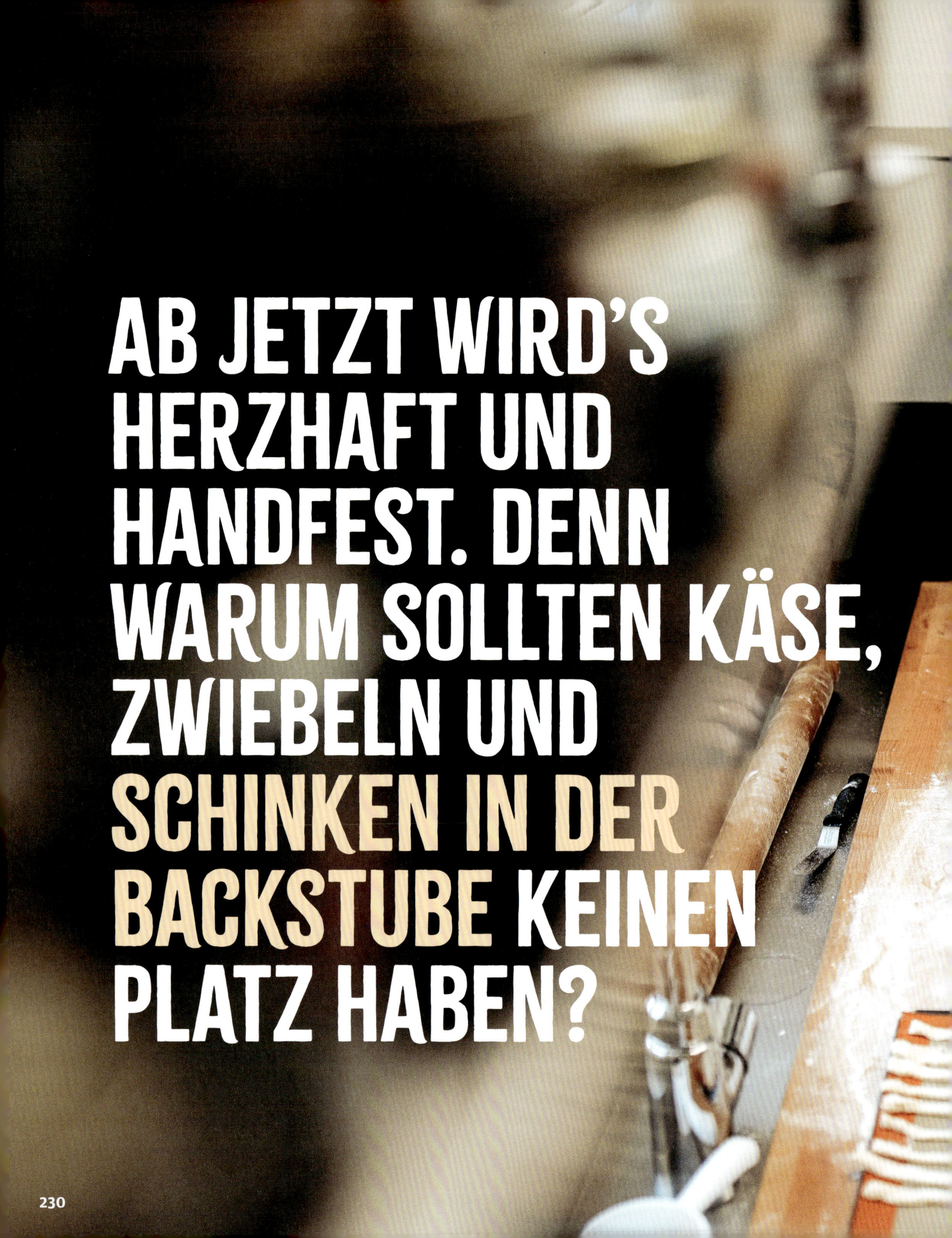

AB JETZT WIRD'S HERZHAFT UND HANDFEST. DENN WARUM SOLLTEN KÄSE, ZWIEBELN UND SCHINKEN IN DER BACKSTUBE KEINEN PLATZ HABEN?

Rezept: Francesco **D'Agostino**

Zubereitung: mittel
Backzeit: 10 + 20 Minuten bei 180 Grad
Ergibt 6 Küchle oder 1 Kuchen mit etwa Ø 28 cm

DER FEINE RUNDE

ZWIEBELKUCHEN

TEIG

250 g	**Mehl**
125 g	**Butter**
5 g	**Salz**
1	**Ei**
30 ml	**Wasser**

FÜLLUNG

600 g	**Zwiebeln**
80 g	**Bergkäse**
50 g	**Butter**
3	**Eier**
250 g	**Sahne**
	Salz, Pfeffer
	Muskatnuss

Zwiebelkuchenrezepte gibt es in Deutschland ja in allen möglichen Variationen. Wir im Südwesten aber sind uns sicher: Unseres ist der beste! Vor allem, wenn man ihn schön mit Mürbeteig macht und liebevoll einmal blind backt. Dass man nach dieser Methode auch ganz großartige Minis machen kann, ist natürlich auch klar. Und die wiederum können sich nicht nur im Herbst sehen lassen.

Die Zutaten für den Mürbeteig verrühren. In die gewünschte Form geben und bei 180 Grad für etwa 10 Minuten blind backen. Dazu den Teigboden mit einer Gabel einstechen und beim Backen mit trockenen Erbsen, Bohnen oder auch Kirschsteinen beschweren. Die Platzhalter kommen nach dem Backen wieder raus, erst dann nimmt die eigentliche Füllung im Kuchen ihren Platz ein.

Für die Füllung Zwiebeln mit Butter in einem Topf Farbe nehmen lassen. Mit der Sahne und den Eiern eine Masse herstellen und mit Salz, Pfeffer und Muskat abschmecken. Die Zwiebelmasse auf dem gebackenen Teig verteilen und die Eimasse dazugeben. Jetzt den Bergkäse auf dem Kuchen verteilen und noch einmal für 20 Minuten bei 180 Grad Ober-/Unterhitze backen.

Noch ein Tipp: Ich mache den Zwiebelkuchen auch gern als gedeckte Variante mit einem vorher ausgestochenen Deckel aus Mürbeteig. Dafür einfach ein bisschen mehr Teig machen, ausrollen, ausstechen und in der Mitte ein Loch machen, damit der Dampf entweichen kann. Am schönsten wird die gedeckte Variante, wenn man den Teig noch mit etwas Ei bestreicht.

Zwiebelkuchen mal anders: Im Grundrezept kommen wir problemlos ohne Speck aus. Den braucht es bei der Optik und den anderen leckeren Zutaten auch gar nicht. Wer aber nicht ohne kann, darf ja variieren …

Rezept: Anja **Spittel**

Zubereitung: leicht
Backzeit: 18 Minuten bei 180 Grad
Ergibt 16 bis 18 Stück

MIT SCHWARZWÄLDER SCHINKEN UND KÄSE

HEFESCHNECKEN

HEFETEIG

750 g	**Mehl**
1 TL	**Salz**
10 g	**Trockenhefe**
200 ml	**Milch**
2	**Eier**
100 ml	**Wasser**
70 g	**Sonnenblumenöl**
5 g	**Zucker**
2 Msp.	**Pfeffer**
2 Msp.	**Paprikapulver**

FÜLLUNG

300 g	**Schmand**
150 g	**Frischkäse**
¼ TL	**Pfeffer**
¼ TL	**Paprikapulver**
3 g	**Salz**
1 Msp.	**Muskat**
400 g	**Schwarzwälder Schinken**
400 g	**geriebener Käse**

Für den Hefeteig die Trockenhefe, Zucker und lauwarmes Wasser in eine größere Schüssel geben und mit einem Schneebesen verrühren, bis sich die Hefe und der Zucker gelöst haben. Anschließend die Schüssel mit Frischhaltefolie abdecken und an einem warmen Ort etwa 20 Minuten gehen lassen. Das Mehl in eine große Schüssel sieben und die Gewürze dazugeben. Die Milch erwärmen. Eier und Öl in eine weitere Schüssel geben. Wenn die Hefemischung das Volumen verdoppelt hat, diese zum Mehl geben und beides vermischen. Im Anschluss die lauwarme Milch dazugeben und vermischen. Nach und nach das Ei und das Öl aus der anderen Schüssel dazugeben und alles zu einem Teig kneten. Den Teig rund wirken und in eine Schüssel geben. Diese mit Frischhaltefolie abdecken und den Teig gehen lassen.

Für die Füllung Schmand, Frischkäse und die Gewürze in eine Schüssel geben und vermischen.

Nach 20 Minuten den Teig aus der Schüssel lösen und auf der bemehlten Arbeitsfläche zu einem Viereck formen. Hierbei sollte der Teig nur minimal geknetet werden, da sonst die Porung des Hefeteigs verloren gehen kann. Den Teig mit einem Wallholz etwa 0,5 bis 1 Zentimeter dick zu einem großen Viereck ausrollen. Die Füllung gleichmäßig auf dem Hefeteig verteilen. Den Schwarzwälder Schinken auf dem Teig auslegen und 300 Gramm Käse darüberstreuen. Den Hefeteig gleichmäßig zu einer Teigrolle aufrollen. Mit einem Rillenmesser die Teigrolle in 2,5 Zentimeter dicke Scheiben schneiden.

Ein Backblech mit Backpapier auslegen und die Hefeschnecken darauflegen. Die restlichen 100 Gramm Käse auf den Hefeschnecken verteilen. Die Hefeschnecken an einem warmen Ort nochmals gehen lassen, bis der Ofen auf 180 Grad Umluft aufgeheizt ist. Jetzt die Hefeschnecken in den Ofen schieben und etwa 18 Minuten backen.

TIPP: *Natürlich kannst Du die Variante für Faule machen und den Teig einfach fertig kaufen. Den Unterschied, wenn Du Dir die Zeit nimmst, schmeckt man aber. Versprochen!*

Rezept: Marina **Wiehl**

Zubereitung: leicht
Backzeit: 15–20 Min. bei 180 Grad | 35 Min. bei 180 Grad
Ergibt 8 Quiches mit Ø 10 cm

MIT KÜRBIS, FETA UND SCHWARZWÄLDER SPECK

MINI-QUICHES

GERIEBENER TEIG

- **200 g Dinkelmehl,** Type 630
- **3 g Salz**
- **65 g kalte Butter**
- **65 g kaltes Wasser**

FÜLLUNG

- **350 g Hokkaido-Kürbis**
- **90 g Schafs-Feta**
- **90 g Schwarzwälder Speck**
- **120 g Milch**
- **80 g Sahne**
- **15 g Dinkelmehl,** Type 630
- **1 Ei**
- **1 Pr. Salz, Pfeffer und Thymian**

Tartelette-Förmchen mit Ø 10 cm

Alle Zutaten in eine Küchenmaschine geben und verkneten. Den Teig nicht allzu lange bearbeiten, er muss am Ende nicht homogen sein, sondern am besten sollten hier und da noch Butterstückchen zu sehen sein. Nach einer Ruhezeit von 10 bis 15 Minuten den Teig mit etwas Mehl ausrollen, kreisförmig ausstechen und in die Tartelette-Förmchen legen. Überstehenden Teig mit einem scharfen Messer vorsichtig entfernen.

Den Hokkaido-Kürbis entkernen und in grobe Stücke schneiden. Die Kürbisstücke mit etwas Olivenöl bepinseln und bei 180 Grad Ober-/Unterhitze für 15 bis 20 Minuten im Ofen garen. Währenddessen den Feta grob zerbröseln und den Speck in feine Streifen schneiden. Wenn der Kürbis ausgekühlt ist, die Stücke zusammen mit der Feta-Speck-Mischung in den Tartelette-Förmchen verteilen. Milch, Sahne, Mehl, Ei und Gewürze mit einem Schneebesen gut verquirlen und diesen Guss auf die Förmchen verteilen.

Die kleinen Quiches für etwa 35 Minuten bei 180 Grad Ober-/Unterhitze backen.

TIPP: *Wenn Du magst, kannst Du den Feta natürlich um Emmentaler, Bergkäse, Parmesan oder Deine persönliche Lieblingssorte ergänzen.*

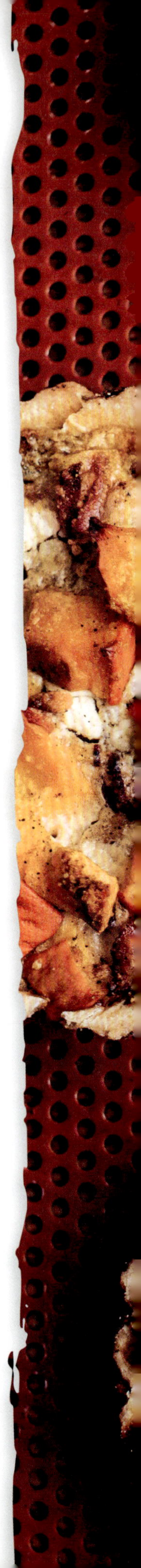

Rezept: Dorothea **Steffen**

Zubereitung: leicht

Backzeit: 20 Minuten bei 220 Grad

Ergibt 1 Strudel für 4–6 Personen

HERZHAFTER

KÜRBIS-STRUDEL

STRUDELTEIG

250 g	**Mehl**
40 g	**Öl**
1	**Ei**
80 g	**kaltes Wasser**
1 Pr.	**Salz**
20 g	**Butter, flüssig**

FÜLLUNG

800 g	**Kürbis**
200 g	**Lauch**
80 g	**getrocknete Tomaten**
20 g	**Pinienkerne**
200 g	**Fetakäse**
200 g	**Crème fraîche**
	Salz, Pfeffer, Curry, Muskat und Petersilie
20 g	**Butter, flüssig**

Die Zutaten für den Strudelteig (Mehl, Öl, Ei, Wasser und Salz) einfach in eine Rührmaschine geben und etwa 8 Minuten langsam laufen lassen, bis der Teig eine elastische Konsistenz bekommen hat.

Den Teig zu einer Kugel formen, in Klarsichtfolie einwickeln, kühl stellen und für etwa vier Stunden ruhen lassen.
Mit einem Rollholz den Teig grob auf 20 mal 20 Zentimeter ausrollen und dann ziehen, bis er etwa 40 auf 40 Zentimeter groß ist. Jetzt darf der Teig auf ein Küchentuch und wird mit zerlassener Butter bestrichen.

Für die Füllung einen Kürbis entkernen, in große Stücke schneiden und grob raspeln. Den Lauch waschen, in Ringe schneiden und kurz blanchieren. Die getrockneten Tomaten in kleine Stücke schneiden, die Pinienkerne rösten und grob hacken. Den Fetakäse in Würfel schneiden.

Den Ofen auf 220 Grad Ober-/Unterhitze vorheizen.

Kürbis und Lauch mit der Crème fraîche vermischen und dann mit Salz, Pfeffer, Curry, Muskat und Petersilie kräftig abschmecken. Die Masse auf dem Teig verteilen. Tomaten, Pinienkerne und Fetakäse gleichmäßig auf der Kürbismasse verteilen, nun von der unteren Seite mit dem Küchentuch aufrollen. Die Enden verschließen, den Strudel mit zerlassener Butter bestreichen und für 30 Minuten bei 220 Grad backen.

TIPP: *Zum Kürbis-Strudel passen ein knackiger Wildkräutersalat und ein Glas neuer Wein. Ich selber nehme als Kürbis gern einen Hokkaido und lasse die schöne, orangerote Schale einfach dran.*

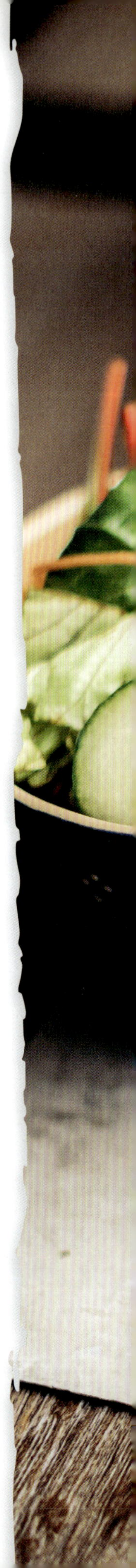

Rezept: Gerhard **Volk**

Zubereitung: leicht
Backzeit: 25 Minuten bei 180–200 Grad
Für vier Personen

GEBACKENER
BIBELESKÄS

ZUTATEN

140 g **Beef Bacon** von Schwarzwaldhof
10 g **Butter,** zimmerwarm
250 g **Magerquark**
40 g **Stärkemehl**
2 **Eier**
20 g **Röstzwiebeln**
20 g **Schnittlauch**

Salz und Pfeffer
1 Pr. **Muskat**

Klar, als Koch und Grillmeister arbeite ich gerne mit dem Grill. Und Backen muss nicht immer süß, sondern kann auch mal herzhaft sein. Wenn ich mit dem Grill backe, experimentiere ich gern, nehme zum Beispiel eine Muffinform, lege einen absoluten Klassiker aus dem Schwarzwald hinein und stelle ihn damit in einen neuen Zusammenhang …

Muffin-Förmchen mit Butter einfetten, dann mit Beef Bacon auslegen und zur Seite stellen. Eier in Eigelb und Eiweiß trennen. Magerquark, Stärkemehl und Eigelb schaumig aufschlagen. Schnittlauch in feine Röllchen schneiden und mit den Röstzwiebeln unterheben.

Jetzt das Eiweiß steif schlagen und locker unter die Quarkmasse heben. Die Masse auf dem Bacon in den Muffin-Förmchen verteilen.

Den Grill für indirektes Grillen bei 180 bis 200 Grad vorbereiten und die Muffins mit dem gebackenen Bibeleskäse für etwa 25 Minuten grillen. Wer das lieber im Ofen machen möchte – geht natürlich auch! Dann am besten mit Umluft bei 170 Grad für 20 Minuten.

TIPP: *Mit Salat ist das ein superleckeres, leichtes Essen. Beef Bacon im Dörrautomat oder Backofen getrocknet ist übrigens auch der Hammer und macht aus vielen Gerichten ein Highlight.*

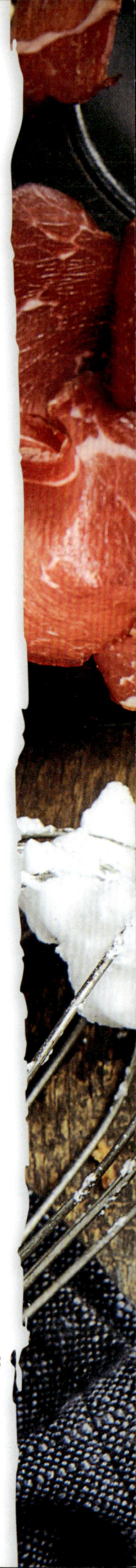

Foto: Melanie Krank / Guido Gegg

MAISBROT

Von Francesco **D'Agostino** | Leicht | 50 Minuten bei 180 Grad | Für vier Personen

- **275 g Maismehl**
- **275 g Weizenmehl**
- **175 g Rohrzucker**
- **250 ml Milch**
- **250 ml Pflanzenöl**
- **3 Eier**
- **15 g Backpulver**
- **2 g Salz**

- **1 EL Pflanzenöl** zum Einölen

Für den Teig alle Zutaten in eine große Rührschüssel geben. Von Hand gut durchkneten oder die Küchenmaschine kneten lassen, bis alles zu einem glatten Teig verarbeitet ist.

Den Backofen auf 180 Grad Ober-/Unterhitze vorheizen.

Eine Kastenform einölen. In diese Form die Masse geben und im Backofen für 50 Minuten backen.

GRISSINI TORINESI

Von Francesco **D'Agostino** | Leicht | 10 Minuten bei 190 Grad | Für vier Personen

- **500 g Mehl**
- **300 g Wasser**
- **40 g Olivenöl**
- **10 g Salz**
- **10 g Hefe** (frisch)
- **10 g Zucker**

Ich finde: Hausgemachte Turiner Grissini sind großartig und mit der maschinell hergestellten Massenware nicht zu vergleichen! Und da es schnell geht, die fingerdicken Brotstangen zu machen und mit Bibeleskäs zu vernaschen, gehören sie auch in dieses Buch!

Für den Teig alle Zutaten in eine große Rührschüssel geben. Von Hand gut durchkneten oder die Küchenmaschine kneten lassen, bis alles zu einem glatten Teig verarbeitet ist. Den Teig mit dem Nudelholz flach ausrollen und für 30 Minuten im Kühlschrank ruhen lassen. Mit einem Messer in fingerdicke, lange Streifen schneiden und auf ein Backblech legen. Wer mag, rollt die Streifen noch zu Zigarren. Die Grissini bei 190 Grad trockener Hitze 10 Minuten backen, bis sie goldbraun sind.

TIPP: *Grissinis kann man wunderbar variieren. Man kann Kräuter und Gewürze wie Oregano oder Kümmel in den Teig einarbeiten oder die Stange vor dem Backen in Sesam rollen.*

TIPP: *Ihr müsst natürlich nicht extra das superfeine Typ-00-Mehl kaufen, um eine Pizza oder eine Focaccia zu backen – mit normalem 405er Mehl geht es auch. Mit meinen italienischen Wurzeln aber nehme ich natürlich am liebsten das ganz feine Pizzamehl, wie es hier in Deutschland heißt.*

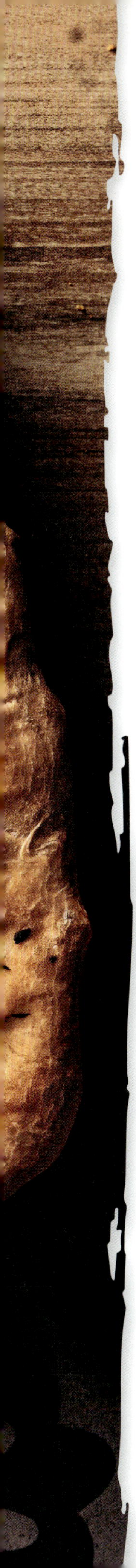

FRANCESCOS FOCACCIA

Von Francesco **D'Agostino** | Leicht | 40 Minuten bei 200 Grad | Ergibt Focaccia für 4–6 Freunde

VORTEIG

350 g **Mehl,** Typ 00
350 g **Wasser**
1 g **Trockenhefe**

TEIG

700 g **Vorteig (Poolish)**
100 g **Mehl**
325 g **Wasser**
150 g **Olivenöl**
25 g **Salz**
12 g **Hefe**

Olivenöl
1 TL **Meersalz**
Rosmarin

Für den Vorteig alle Zutaten vermischen und **für 12 Stunden** bei Zimmertemperatur gehen lassen.

Am nächsten Tag alle Zutaten für den Teig in die Schüssel einer Rührmaschine geben und mit dem Knethaken für 30 Minuten durchkneten. Diese lange Zeit ist wichtig, damit sich ein schönes Glutengerüst entwickeln kann und der Teig feinporig aufgeht. Den Teig noch einmal für anderthalb Stunden ruhen lassen. Mit dem Nudelholz den Teig ausrollen, noch einmal für 45 Minuten gehen lassen. Den Backofen auf 200 Grad Ober-/Unterhitze vorbereiten. Die Focaccia mit Olivenöl, grobem Meersalz und Rosmarin garnieren und für 40 Minuten backen.

Wenn man mag, kann man die Focaccia auch ganz bunt belegen: mit Lauchzwiebeln, Gemüse, Sonnenblumenkernen, Schafskäse oder Oliven.

KLASSISCHER PIZZATEIG

Von Ulf **Tietge** | Leicht | Ergibt 6 kleine Pizzen

1 kg **Mehl** (405 oder 00)
625 g **Wasser** (kalt)
40 g **Salz**
10 g **Hefe** (frisch)

Pizza ist traditionell ein echtes Arme-Leute-Essen – und braucht nicht viel außer genug Zeit. Entsprechend einfach ist mein Rezept…

Zuerst schüttet ihr 600 g Mehl in eine große Schüssel. Dann kommen Wasser, Salz und Hefe dazu. Diesen Teig mit einem Rührgerät rühren, bis eine Masse entsteht, die sehr an Pfannkuchenteig denken lässt. Die Schüssel mit einem Tuch abdecken und 20 Minuten stehen lassen.

Nach den ersten Ruhezeit den Teig für vier Minuten rühren, um die Bildung der Gluten-Ketten weiter anzuregen. Danach weiterrühren, nach und nach das restliche Mehl einrühren. Am Ende soll eine weiche, zart fließende Kugel entstehen, die sich leicht vom Schüsselboden löst. Tuch wieder drauf, 20 Minuten ruhen lassen. Den Teig dann aus der Schüssel auf ein Brett fließen lassen, mit etwas Mehl noch einmal gründlich durchkneten und in sechs kleine Teiglinge aufteilen. Die dürfen in abgedeckten Plastikboxen **für 24 bis 72 Stunden in den Kühlschrank**.

Den Teig für eure Pizzen nicht einfach mit einem Nudelholz auswallen, sondern mit den Fingern in Form drücken und ziehen. Nach Belieben belegen und bei 250 Grad im Grill oder dem Ofen backen.

DIE KUNST DES BACKENS IST SO ALT WIE DIE GESCHICHTE DES MEHLS – UND DIE REICHT MEHR ALS 6000 JAHRE ZURÜCK

RETTUNGSMANÖVER

Wer kennt es nicht? Der Biskuit wird beim Backen eher kleiner als größer, der Guglhupf sieht irgendwie komisch aus und dann plumpst auch noch ein Eigelb ins Eiweiß... Was im Fall der Fälle tun? Vorweg: Alles lässt sich nicht retten. Aber manchmal entsteht durch Fehler und Missgeschicke ja auch völlig Neues. Ein Beispiel haben wir in diesem Buch sogar als Rezept: die Tarte Tatin, ein kopfüber gebackener Kuchen (Seite 152). Der Legende nach soll er entstanden sein, weil ihn seine Bäckerin versehentlich hat fallen lassen...

Der Biskuit ist nichts geworden? Macht nix. Den Teig einfach zerbröseln und Lollipops daraus machen oder mit kleinen Ringen Böden ausstechen und statt einer großen Torte eben mehrere kleine zaubern. Die Brösel lassen sich auch für ein Dessert im Glas verwenden.

Das Backpapier lässt sich nicht vom Biskuit lösen? Mit einem Pinsel breitflächig etwas kaltes Wasser auftragen und dann das Papier vorsichtig vom Teig abziehen.

Der Kuchen ist nicht schön aus der Form gekommen? Da hilft ein schneller Blitzguss! 200 g Zartbitterschokolade (70 Prozent) mit 100 g Butter im Wasserbad schmelzen und drüberpinseln.

Der Kuchen ist zu trocken geworden? Mit einem Zahnstocher oder einer feinen Stricknadel mehrmals in den Teig stechen und den Kuchen dann breitflächig mit Likör oder Saft beträufeln. So wird's saftiger.

Der Kuchen wird beim Backen oben zu dunkel? Gegebenenfalls auf eine tiefere Backofenschiene stellen und mit Backpapier abdecken, damit er vor der direkten Hitze besser geschützt wird.

Der Kuchen ist zu klitschig geworden und fällt auseinander? Dumm gelaufen. Möglicherweise war zu viel Flüssigkeit drin. Für Cakepops oder Desserts im Glas (zum Beispiel mit einer leckeren Mascarpone-Creme und zerbröselten Keksen) reicht's noch. Auch lecker.

Ich hab' kein gescheites Messer und auch keine Tortenbodensäge zum Teig schneiden! Aber vielleicht hast Du ja noch etwas Zahnseide? Damit geht's zur Not tatsächlich auch, aber bitte nicht zu doll drücken!

Meine Muffins sind immer unterschiedlich groß! Dann probier's doch mal mit einem Eisportionierer. So gibst Du nicht nur immer die gleiche Menge in die Förmchen, sondern kannst das Ganze auch noch ziemlich sauber befüllen.

Die Ganache wird zu fest? Wird die Masse für die Pralinen zu fest, einfach noch mal etwas Sahne erhitzen und dazugeben.

Mist, keinen Spritzbeutel zur Hand! Dann füll' die Masse doch einfach in einen Gefrierbeutel, schließe ihn und schneide ein kleine Ecke ab. Geht auch.

Und jetzt ist auch noch das Eigelb ins Eiweiß geplumpst... Selbst dafür gibt's nen Hack. Nehmt Euch eine leere PET-Flasche, drückt sie zusammen, haltet die Öffnung an das Eigelb und zieht es mit Hilfe des Unterdrucks wieder heraus. Faszinierend, oder?

Wie rette ich dich? Auch Lisa steht manchmal vor der Frage aller Fragen in der Backstube. Was tun, wenn der Kuchen nichts geworden ist?

BASICS

Eiweiß schlagen. Vorweg: Die Eier müssen (außer man macht Macarons) nicht unbedingt zimmerwarm sein, aber so geht's schneller. Zum Eiweiß immer einer Prise Salz geben, das erhöht das Volumen. Muss Zucker hinzu, beim Schlagen gegen Ende nach und nach einrieseln lassen. So lange schlagen, bis die Masse fest wird. Fertig ist die Masse, wenn sich die Schüssel umdrehen lässt, ohne dass der Eischnee herausfällt. Dann zügig verarbeiten, sonst setzt sich Flüssigkeit wieder ab.

Baiser machen. Eiweiß schlagen, wie oben beschrieben. Zum Beispiel aus 2 Eiweiß, 110 g Zucker und einer Prise Salz. Masse mithilfe eines Spritzbeutels auf ein mit Backpapier ausgelegtes Backblech dressieren und im auf 90 Grad vorgeheizten Backofen 2 bis 3 Stunden trocknen lassen.

Eiergrößen. In der Backstube immer möglichst frische Eier verwenden. Erst recht, wenn sie als Bestandteil in Cremes oder Saucen nicht erhitzt werden. Soweit nicht anders angegeben, sind in Rezepten Bio-Eier der Größe M gemeint (die haben zwischen 53 und 63 g; ein S-Ei hat weniger, ein L dann bis zu 73 g).

Mehltypen. Die Typenbezeichnung hängt mit dem Ausmahlungsgrad zusammen. Die Weizenmehltypen 405 und 550 sind fein und eignen sich für Kuchen. Ab 1050 werden sie eher für Brot verwendet. Dinkel (am besten Type 630) geht als Weizenersatz. Mit Vollkornmehlen klappt nicht alles. Sie brauchen mehr Flüssigkeit und haben eine geringere Backfähigkeit.

Zucker. Er ist nicht nur für die Süße verantwortlich, sondern sorgt beim Backen auch für die Bräunung. Daher lässt sich Zucker auch beim Backen nicht eins zu eins durch Alternativen ersetzen. Für Kuchen und Co eignet sich raffinierter, üblicher Haushaltszucker. Puderzucker nimmt man für Glasuren, Torten und Feingebäck. Vanillezucker ist nichts anderes als Zucker mit beigemischter Vanille (im Idealfall; bei billigen Fertigprodukten auch nur mit Aroma). Dekorierzucker ist eine Mischung aus Puderzucker, Stärke und Fett.

Backpulver & Co. Triebmittel braucht es in der Backstube, damit Gebackenes schön locker und fluffig wird. Backpulver oder Natron (ist auch Bestandteil des Backpulvers) werden chemisch hergestellt und sorgen dafür, dass im Teig Gase entstehen. Sobald sie mit Flüssigkeit in Verbindung kommen, beginnt die Wirkung. Genauso wie bei Hefe, einem natürlichen Triebmittel. Auch Hirschhornsalz kann diese Wirkung erzielen.

Sahne schlagen. Zwei Dinge gilt es zu beachten: Nicht zu lange schlagen, sonst wird die Sahne zu Butter.

Schon gewusst? Wörter und Begriffe sagen sich ja immer so leicht. Aber wieviel Salz ist eigentlich eine Prise? Immer das, was zwischen drei Finger passt. Das sind übrigens gerade mal ein Gramm. Eine Messerspitze wären hingegen immerhin schon zwei …

Und tatsächlich besser mit einer geringeren Rührstufe arbeiten. Das dauert zwar länger, es kommt aber auch mehr Luft hinein. Das Ergebnis: Die geschlagene Sahne ist fluffiger.

Gelatine. Als Grundregel gilt: Auf 100 g Sahne kommt ein Blatt Gelatine. Aber je mehr Flüssigkeit in der Creme ist – zum Beispiel durch den Zusatz von Fruchtpürees –, desto mehr Gelatine braucht es. Sie wird zuerst eingeweicht (in kaltem Wasser oder Saft) und dann beim Erhitzen aufgelöst, soll aber nicht kochen.

Butter & Co. Die allermeisten Teige brauchen Fett. Es sorgt dafür, dass der Kuchen saftig bleibt und länger hält. Die erste Wahl: Butter. Margarine lässt sich nur verwenden, wenn es auch auf der Packung steht. Halbfettbutter ist zu flüssig. Und Öle passen besser zu herzhaften Rezepten. Die Butter muss in der Regel zimmerwarm sein, um sie gut in den Teig einarbeiten zu können. Wer aber mal vergessen hat, sie rauszunehmen, kann die Butter auch in Stückchen in eine Schüssel geben und kurz in den warmen Ofen geben. Zerlaufen darf sie allerdings nicht, weil sich sonst Rührteige nicht schaumig schlagen lassen.

Wasserbad. Dafür füllt man einen Topf mit Wasser, stellt diesen auf den Herd und setzt eine weitere Schüssel drauf. Dadurch wird der Inhalt der Schüssel schonend erhitzt und brennt nicht an. Bei Schokolade macht das zum Beispiel Sinn.

Zur Rose abziehen. So nennt man eine Technik in der süßen Küche. Cremes mit Eiern dürfen nicht kochen, weil das Ei sonst stockt. Die Creme hat die richtige Konsistenz, wenn diese auf dem Löffel liegen bleibt und nicht mehr herunter fließt. Wenn man dann leicht auf einen Holzlöffel pustet, sieht es zum perfekten Zeitpunkt aus wie eine Rose. Genau dann hat die Creme auch die richtige Temperatur erreicht.

Einfrieren. Die allermeisten fertig gebackenen Kuchen lassen sich wunderbar einfrieren und halten sich etwa drei Monate (Rührkuchen bis zu sechs Monate). Auch übrig gebliebene Biskuitböden eigenen sich für den Froster, genauso wir roher Mürbeteig. Was hingegen gar nicht funktioniert: roher Rührteig.

Reste verwerten. Wohin bloß mit den ganzen übrig gebliebenen Eiweißen, Eigelben oder Teigresten? Aus Eiweißen lassen sich schnell Macarons oder Baiser machen, aus Eigelben Biskuit- oder Mürbeteige (dann einfach einfrieren, siehe oben. Teigreste einfach mitbacken, zerkümeln und unter Quark oder Joghurt heben. Lecker!

SÄGEMESSER

In der süßen Küche wird seltener geschnitten, dafür umso häufiger gesägt. Ein gutes, langes Sägemesser ist daher ein Muss und ersetzt zum Beispiel auch die Tortenbodensäge

PRALINENGABEL

Wer sich an Pralinen versuchen möchte, sollte dieses kleine Werkzeug unbedingt haben. Mit den feinen Zinken werden die Trüffel in ihr Schokobad getaucht

PALETTE

Was dem Zimmermann der Hammer, ist dem Konditor seine Palette. Damit werden Cremes, Glasuren oder Füllungen glatt gestrichen

TEIGSCHABER

Ob für Teige oder zähflüssige Cremes: Mit dem Teigschaber kriegt man's glatt gezogen

SCHNEEBESEN

Gerade wenn es schnell gehen muss – zum Beispiel beim Pudding im heißen Topf –, ist der manuelle Schneebesen immer noch die erste Wahl

FEINES SIEB

Nicht nur Mehl bildet mit der Zeit Klümpchen. Wer Feingemahlenes vor der Verwendung durch ein Sieb gibt, bekommt am Ende ein sauberes Ergebnis

MINI-PALETTE

Wenn's noch feiner werden soll, greifen Tortenbäcker auch gerne zu dieser kleinen Variante. Gerade in der Chocolaterie kommt sie oft zum Einsatz

TEIGROLLE

Zum Teigausrollen ist das Nudelholz unerlässlich. Wer keins hat, kann zur Not auch mal auf eine glatte Sprudelflasche aus Glas zurückgreifen

PINSEL

Ob beim Einfetten von Formen oder beim Glasieren: Der Pinsel ist ein zuverlässiger Helfer. Es gibt ihn natürlich auch als spülmaschinentauglichen Silikon-Backpinsel

SPRITZBEUTEL

braucht es für Cremes, aber auch für flüssigere Teige. Idealerweise hat man noch verschiedene Tüllen – in Loch- und in Sternform

***Nacharbeiten**. Auch wenn man sich genau ans Rezept hält – nicht immer hat ein Teig sofort die perfekte Konsistenz. Ist er zu flüssig, kann man noch Mehl dazugeben. Ist er zu trocken, gegebenenfalls noch ein Eigelb.*

MÜRBETEIG

Der Klassiker – auch bekannt als Knet- oder 1-2-3-Teig. Warum?
Weil er immer aus einem Teil Zucker, zwei Teilen Butter und drei Teilen Mehl besteht.

50 g	**Zucker**
100 g	**Butter, zimmerwarm**
150 g	**Mehl**
1	**Ei**
1 Pr.	**Salz**

Ein Mürbeteig lässt sich gut ausrollen und passt daher perfekt zum Auslegen in Formen oder auf Blechen sowie als Grundlage für Plätzchen. Vorweg: Stellt immer zusätzlich Mehl bereit. Denn ja nach Größe vom Ei muss man etwas mehr nehmen. Der Teig sollte nicht zu weich sein. Die Zubereitung ist ansonsten ganz einfach: Alle Zutaten verkneten. Am schnellsten geht das per Hand. Bei größeren Mengen den Knethaken nehmen. Danach sollte der Teig im Kühlschrank ruhen. Dadurch wird er fester (weil die Butter wieder fest wird). Aber wenn Ihr's mal eilig habt: Der Teig lässt sich auch ohne Ruhezeit verwenden.

TIPP: Mürbeteig lässt sich auch prima am Vortag vorbereiten. Einfach in Frischhaltefolie in den Kühlschrank legen. Auch einfrieren ist kein Problem. Übrigens: Wer mehr Mehl dazugibt, bekommt irgendwann automatisch Streusel…

RÜHRTEIG

Der Name sagt's ja schon: Ein Rührteig will gerührt werden. Und so geht's…

150 g	**Butter, zimmerwarm**
150 g	**Zucker**
150 g	**Mehl**
3	**Eier (ca. 150 g)**
½ TL	**Backpulver**
1 Pr.	**Salz**

Die zimmerwarme Butter mit Zucker und Salz cremig rühren, dann die Eier nach und nach dazugeben. Wichtig: Bitte niemals gleichzeitig reingeben, sonst gerinnt der Teig. Mehl mit dem Backpulver mischen und am Ende nur kurz unterrühren – sonst wird der Teig klebrig. Kommt jetzt noch Flüssigkeit wie Milch oder Frucht hinzu, muss noch mehr Mehl rein. Der Teig ist perfekt, wenn er reißend vom Löffel fällt. Jetzt bitte schnell machen, denn das Backpulver arbeitet schon. Rührteig muss sofort verarbeitet werden.

TIPP: Die Form niemals vollmachen, höchstens zu zwei Dritteln, da der Teig ja noch aufgeht. Und: Einfrieren klappt leider nicht. Rührteig muss man immer frisch machen.

HEFETEIG

Geschmeidig und weich kommt er daher – und kann nicht nur mit Süßem ziemlich gut, sondern auch mit Herzhaftem…

500 g	**Mehl, am besten Zopfmehl, Type 550**
½	**Hefewürfel**
250 ml	**Milch**
80 g	**Butter**
80 g	**Zucker**
2	**Eigelbe**
1 Pr.	**Salz**

Zöpfe, Guglhupf, Schneckle, Pizza oder Brötchen: Hefeteig ist nicht nur in seiner formbaren Konsistenz ziemlich flexibel. Für den Teig die Milch mit dem Zucker auf dem Herd lauwarm machen und die Hefe darin lösen – Hefe löst man immer in lauwarmer Flüssigkeit. Aber Achtung! Ist das Wasser zu heiß, geht sie kaputt. Ein Drittel des Mehls dazugeben und zu einem Vorteig vermengen. Eine halbe Stunde ziehen lassen. Danach mit den übrigen Zutaten einen Teig kneten und weitere 30 Minuten an einem warmen Ort gehen lassen, bis er schön aufgegangen ist.

TIPP: Wenn er nicht aufgeht, nicht den Mut verlieren. Manchmal geht's halt länger…

BRANDTEIG

Was wäre die Welt ohne Windbeutel oder Eclairs? Sicherlich nicht besser. Für beides braucht es einen Brandteig. Und hier ist der Name Programm.

- 125 ml **Wasser**
- 125 ml **Milch**
- 2 TL **Zucker**
- 1 Pr. **Salz**
- 70 g **Butter**
- 150 g **Mehl**
- ½ Pck. **Backpulver**
- 2 **Eier**

Wasser, Milch, Butter und Zucker zusammen in einem Topf zum Kochen bringen. Das gesiebte Mehl zusammen mit dem Backpulver auf einmal in die kochende Milch kippen und die Masse gut abrösten, bis sich ein Belag am Topfboden bildet. Hier solltet ihr Mut haben und die Masse lieber etwas länger als zu kurz drinlassen. Unter Aufsicht und mit ständiger Bewegung im Topf durch einen Kochlöffel natürlich.

Die Masse abkühlen lassen, bis sie lauwarm ist. Erst dann mit den Eiern verrühren. Den Teig zum Backen immer mit etwas Abstand aufspritzen, weil er hohl backt und aufgeht – also Platz benötigt. Wegen der Flüssigkeit im Teig ist der Brandteig der einzige, bei dem ich im Ofen Umluft verwende (190 Grad).

TIPP: Den Brandteig lieber etwas dunkler backen lassen!

BLÄTTERTEIG

... selber machen? Ist allemal einen Versuch wert. Dafür braucht es ein paar Bastelfertigkeiten ...

FÜR DEN GRUNDTEIG

- 250 g **Mehl**
- 35 g **Butter,** zimmerwarm
- 1 Pr. **Zucker**
- 1 Pr. **Salz**
- 125 ml **kaltes Wasser**

FÜR DAS ZIEHFETT

- 250 g **Butter,** zimmerwarm
- 40 g **Mehl**

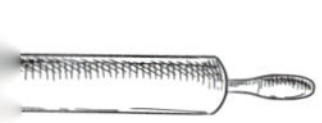

TIPP: *Fertigen TK-Blätterteig zu verwenden, ist natürlich auch völlig in Ordnung. Die Qualitäten sind in der Regel ziemlich gut. Selbst Profis machen sich in den seltensten Fällen die Arbeit mit der ganzen Falterei und Warterei ...*

Blätterteig selbst zu machen, gehört sicherlich zu den Königsdisziplinen in unserer Backschule. Aber damit schmecken Apfelstrudel & Co halt noch ein bisschen leckerer. Aus den Grundteig-Zutaten machst Du dafür einen Knetteig (siehe vorherige Seite) und stellst ihn erst mal kühl.

Damit die Blätterung beim Teig entsteht, wird nun im nächsten Schritt Butter in den Grundteig eingeschlagen, wie es so schön heißt. Dafür brauchen wir erst mal das sogenannte Ziehfett, für das wir die Butter mit dem Mehl verkneten und als Platte ausrollen (am besten zwischen Frischhaltefolie). Den Grundteig können wir dann ebenfalls schon mal einrollen. Der Teig sollte doppelt so groß ausgerollt werden wie die Butter-Platte, weil der Teig sie im nächsten Schritt komplett umhüllen soll. Dann den vereinten Teig ausrollen (die Butter darf nicht mehr zu sehen sein) und wie ein Buch zusammenklappen. Diesen Vorgang dreimal wiederholen, dabei jedes Mal eine 30-minütige Pause einhalten und den Teig um 180 Grad drehen. Die Teigplatte im vorgeheizten Backofen bei 180 Grad für etwa 30 Minuten backen.

Brandteig *lässt sich am besten mit einem Spritzbeutel „aufdressieren", wie es in der Konditorensprache so schön heißt. Wichtig: Gerade bei Windbeuteln immer schön Platz lassen. Der Teig backt hohl. Sprich: Er geht auf.*

BISKUIT

Keine Schwarzwälder Kirschtorte ohne Biskuit. Und auch sonst ist dieser fluffige Teig ein wahrer Alleskönner und quasi das Gerüst für fast alle meine Torten. Viele Hobbybäcker fürchten dabei allerdings das Nichtgelingen – dabei gibt es Varianten, die garantiert immer klappen.

6	**Eier**
1 TL	**Backpulver**
200 g	**Zucker**
200 g	**Mehl**
1 Pr.	**Salz**
	Butter, um die Form einzufetten

Für einen dunklen Teig zusätzlich

1 TL	**Kakaopulver**

Viele Wege führen zum luftig-leckeren Biskuitteig. Doch bei einigen Varianten gibt es einfach mehr Fallstricke. Deshalb habe ich für mich längst ein Grundrezept gefunden, das einfach immer klappt – unter der Voraussetzung natürlich, dass man sich auch immer exakt an die Vorgaben hält …

Im Unterschied zu vielen anderen Rezepten schlage ich die Eier getrennt voneinander. Im ersten Schritt die Eier also trennen. Die Eigelbe mit der Hälfte des Zuckes in einen kleinen Topf geben und auf dem Herd leicht erwärmen (auf etwa 40 Grad, auf keinen Fall zu heiß werden lassen!), vom Herd nehmen, den restlichen Zucker hinzugeben und schaumig schlagen. Die Wärme gibt dem Eigelb noch mehr Volumen. Das Eiweiß in einer weiteren Schüssel mit dem Salz zu Eischnee schlagen. Das Mehl mit dem Backpulver mischen, sieben und bereitstellen.

Den Backofen (Ober-/Unterhitze) auf 180 Grad vorheizen. Da wir Backpulver im Rezept haben, muss es schnell gehen, weil es sofort anfängt zu arbeiten, sobald es mit Flüssigkeit in Berührung kommt. Umluft ist beim Biskuit übrigens ein No-Go, weil es den Teig austrocknet. Den Eischnee nach und nach vorsichtig unter das Eigelb heben (immer von außen nach innen). Dann in Schüben die Mehl-Backpulver-Mischung unterheben. Wer einen dunklen Biskuit braucht, der gibt jetzt einfach noch das Kakaopulver dazu.

Den Biskuit-Teig in eine gefettete Form geben und 30 bis 35 Minuten backen. Dazwischen auf keinen Fall die Ofentür öffnen! Der Biskuit ist fertig, wenn man auf die Oberfläche drückt und der Biskuit die Delle gleich wieder von selber ausgleicht.

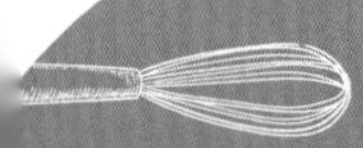

***Das Schneiden** des Biskuits klappt am besten mit einer Tortenbodensäge. Ansonsten tut es auch ein Sägemesser. Wichtig sind die sägenden Bewegungen. Mit einem normalen Küchenmesser funktioniert es nicht.*

Schritt für Schritt zum Biskuit: Zunächst werden die erwärmten Eigelbe schaumig geschlagen (oben), dann nach und nach mit dem Eischnee und der Mehlmischung vermengt (rechts). Die sollte am besten gesiebt sein (unten). Der fertige Biskuit sollte bei Druck elastisch sein (unten rechts)

WEIHNACHTS-AUSSTECHERLE

Der Klassiker – erst recht, wenn man Kinder zu Hause hat. Ergibt ein Blech.

100 g Butter, zimmerwarm
50 g Zucker
1 Eigelb
1 Pr. Salz
150 g Mehl
1 Ei zum Abstreichen
Bunte Zuckerstreusel

Die Butter mit dem Zucker vermischen, Eigelb und Salz dazugeben und zum Schluss mit dem Mehl zu einem Teig kneten. Den Teig in Folie wickeln und eine Stunde im Kühlschrank kühlen.

Den Ofen auf 175 Grad vorheizen (Ober-/Unterhitze) und ein Backblech mit Backpapier vorbereiten. Den Teig ausrollen, ausstechen, mit Ei abstreichen und mit Zuckerstreuseln bestreuen. 10 Minuten backen.

TIPP: Man kann die Kekse natürlich auch mit Schokolade oder Puderzucker verzieren.

SPRINGERLE

Das ist ein Rezept von meiner Mama. Sie macht die allerbesten! Die Zutaten reichen für ein Blech.

500 g Mehl
500 g Puderzucker
4 Eier
1 Pr. Hirschhornsalz
1 EL Rum
2 EL Anis
1 Zitrone, der Abrieb
Hilfsmittel: Holzstempelbilder, Rollrädle

Die Eier mit dem Puderzucker schaumig rühren (wichtig: die Masse muss am Ende schneeweiß sein). Das Salz im Rum auflösen und die Zitronenschalen dazugeben. Das Mehl sieben und unter die Ei-Zucker-Mischung heben. Das Ganze 3 Stunden ruhen lassen.

Das Backpapier mit dem Anis bestreuen. Den Teig 8 Millimeter dick ausrollen (etwas Mehl zuhilfe nehmen, damit der Teig nicht anpappt), die Holzbilder eindrücken und mit dem Rädle ausrädeln. Die Bilder vorsichtig auf das Anisblech legen und über Nacht trocknen lassen. Am nächsten Tag bei 160 Grad Ober-/Unterhitze für etwa 15 Minuten backen.

TIPP: Für Springerle gibt es auch viele alte tolle Holzmodel, so heißen die Stempelbilder. Haltet doch mal bei Flohmärkten einfach mal die Augen auf …

SPRITZGEBÄCK

Formbar und lecker: Mit Spritzgebäck kann man ziemlich kreativ sein. Reicht für ein Blech.

250 g Butter, weich und zimmerwarm
250 g Puderzucker
2 Eier
475 g Mehl

Das Grundprinzip ist einfach: Denn eigentlich ist dieser Basisteig nichts anderes als ein weicher Spritzmürbeteig.

Die weiche Butter mit dem Zucker kurz erwärmen und schaumig rühren. Die Eier nach und nach dazugeben, zum Schluss das Mehl unterheben und zu einem Teig quirlen. In einen Spritzbeutel mit Sterntülle geben und direkt auf ein vorgefettetes Backblech geben. Bei 180 Grad (Ober-/Unterhitze) für 10 Minuten backen.

TIPP: Möchte man dunkles Spritzgebäck herstellen, einfach Kakaopulver mit Milch glattrühren und unter den Teig kneten.

*Traditionell werden Springerle bei uns mit kunstvollen **Holzmodeln** ausgestochen. Sie sind in der Regel aus hartem Birnenholz, das wenig splittert. So werden auch noch feinste Ziselierungen auf den Plätzchen sichtbar.*

Wenn schon die alten Ägypter etwas kannten, weiß man: Dasjenige-welche hat eine kulturhistorische Bedeutung. Ohne Lebkuchen wären Advents- und Weihnachtszeit bei uns jedenfalls nur schwer vorstellbar …

LEBKUCHENTEIG

… nennt man übrigens auch Honigteig. Warum? Weil da ganz schön viel davon drin ist …

250 g	**Honig**
25 ml	**Milch**
125 g	**Weizenmehl**
125 g	**Roggenmehl**
1	**Eigelb**
10 g	**Natron**
1 TL	**Lebkuchengewürz**

Den Honig in der Milch kurz aufkochen und direkt vom Herd nehmen. In dieser Zeit die Mehle mit dem Gewürz mischen und anschließend zusammen mit dem Eigelb und dem warmen Honig-Milch-Gemisch zu einem Teig kneten. Erst zum Schluss das Natron beigeben und insgesamt 24 Stunden ruhen lassen.

Am nächsten Tag den Backofen auf 180 Grad vorheizen (Ober-/Unterhitze), ein Blech einfetten oder mit Backpapier auslegen. Den Lebkuchenteig ausrollen und mit der gewünschten Form ausstechen. Und klar: Wer mag, kann die Lebkuchen dann noch mit allem Möglichen verzieren. Vor dem Backen dann noch mit ein wenig Milch abstreichen, das gibt dem Lebkuchen am Ende noch etwas mehr Glanz.

KLEINE OFENKUNDE

Am Ende geht es in der süßen Küche meistens in den Backofen. Nur: Wohin genau? Bei welcher Temperatur? Und soll es Ober-/Unterhitze oder besser Umluft sein? Eine kleine Ofenkunde ...

Ober-/Unterhitze heißt im Prinzip nichts anderes, als dass die Wärmeeinstrahlung im Ofen sowohl von oben als auch von unten kommt. Sprich: Der Kuchen backt gleichmäßig von beiden Seiten. Für die meisten Teige ist das ideal, denn so trocknen sie nicht so schnell aus, wie das bei der Umluft-Funktion passieren könnte. Für manche Teige wie den Biskuit ist sie deshalb sogar ein Muss. Bei dieser Einstellung sollte der Ofen aber in jedem Fall vorgeheizt werden.

Umluft oder Heißluft bedeutet, dass die heiße Luft mithilfe eines Ventilators permanent umgewälzt wird. So kommt die Wärme gleichzeitig überallhin, was von Vorteil ist, wenn man zum Beispiel auf gleich mehreren Einschubleisten Plätzchen backt. Auch bei flüssigen Teigen wie dem Brandteig eignet sich die Funktion perfekt, da dieser dadurch wie gewünscht etwas trockner wird. Bei der Umluftfunktion muss nicht zwingend voll vorgeheizt werden, es empfiehlt sich aber. Grundsätzlich wird die Backofentemperatur etwa 20 Grad niedriger eingestellt als bei der Ober-/Unterhitze.

Einschubhöhe. Grundsätzlich lässt sich dazu sagen, dass höhere Formen auf den Rost ins untere Drittel geschoben werden und flache Formen eher mittig. Ausnahmen gibt es natürlich trotzdem. Wenn man bei einer Pizza beispielsweise den Ofen voll aufdreht, sollte man das Blech ganz unten einschieben, damit der Belag nicht schon dunkel wird, ehe der Teig durchgebacken ist.

Garprobe. Ist der Kuchen schon fertig? Eine altbewährte Methode, um das herauszufinden, ist der Stricknadeltest. Einfach eine Nadel in den Teig stoßen und wieder vorsichtig herausziehen. Bleibt kein Teig mehr daran hängen, ist er fertig.

Backformen, Gitter & Bleche. Kuchen brauchen einen Boden, um zu backen – klar, sonst würde der weiche Teig ja unten rauslaufen. Backbleche und Kuchenformen sind da die erste Wahl, sollten aber eingefettet oder mit Backpapier ausgelegt werden, damit das Gebackene sich anschließend auch wieder lösen lässt. Profis benutzen zudem auch Ringe, bei denen unten Backpapier ringsum solange eingeschlagen wird, bis alles dicht ist. Diese Technik sollte man allerdings sicher beherrschen – sonst gibt's Sauerei.

Die richtige Temperatur. Ofen ist nicht gleich Ofen – das hat vielleicht der ein oder andere von Euch schon leidvoll erfahren müssen. Gerade ältere Modelle sind manchmal weniger oder eben auch mehr heiß als eingestellt. Wer die wahre Temperatur bei sich herausfinden möchte, sollte mal ein Backofenthermometer auf ein Backblech legen (mittlere Einschubhöhe) und den Ofen anmachen. Nach 15 Minuten dann die tatsächliche Gradzahl mit der eingestellten vergleichen. Mehr als 10 Grad sollte die Differenz nicht betragen ...

Torten sind der Inbegriff der Festlichkeit – ganz egal, ob man die eigene Hochzeit oder einfach nur den Sommer zelebrieren möchte. Für die Füllungen nimmt man besser stabile, für die Dekoration streich- und spritzfähigere Cremes

TORTENCREMES

Das Wichtigste vorweg: keine Angst vor leckeren Tortencremes! Ob auf Butter-, Sahne- oder Ganache-Basis, das sind im Prinzip die drei Grundarten: Wenn man die Basics draufhat, kann eigentlich nicht mehr viel schiefgehen.

Welche Creme wofür? Das ist natürlich nicht festgelegt. Aber es macht in jedem Fall Sinn, dass man für die Füllung eher eine festere Creme verwendet, die der Torte Stabilität verleiht, und für die Dekoration eine, die sich gut verstreichen oder aufspritzen lässt. Das macht das ganze Prozedere am Ende einfach leichter.

Wie streicht man Tortencreme? Mit Ruhe, Geduld und dem richtigen Werkzeug. Das kann eine Palette sein, ein Teigschaber oder ein einfaches Messer. Wichtig ist, dass man mit einer glatten Oberfläche arbeitet. Und natürlich ist die Konsistenz für das Verstreichen wichtig. Sie sollte nicht zu fest sein. Zunächst gibst Du eine größere Menge auf die Torte und streichst die Masse über die Ränder hinaus. Die überschüssige Creme wird dann an den Seiten noch verteilt und glatt gezogen. Am einfachsten geht es mit einem Drehteller, sodass man den Schaber während des Drehens eigentlich nur im passenden Winkel halten muss.

Hilfe, meine Creme wird nicht fest! Das kann natürlich mal passieren. Vor allem, wenn man sich nicht ans Rezept hält und ein bisschen experimentierfreudiger unterwegs ist. Zum Beispiel, wenn man Fruchtpürees beigibt, dann hat man ja automatisch auch mehr Flüssigkeit in der Masse. Bei Sahnecremes lässt sich hier mit zusätzlicher Gelatine oder Sahnesteif schnell nachhelfen. Bei Buttercremes im Zweifel lieber noch etwas länger durchkühlen lassen, sodass das enthaltene Fett möglichst hart wird.

VANILLE-BUTTERCREME

Kalorienzähler, bitte weiterblättern! Für allen anderen gibt's hier eine Anleitung für die klassische deutsche Buttercreme – mit selbstgemachtem Pudding natürlich …

- **70 g Milch**
- **70 g Sahne**
- **1 Vanilleschote**
- **30 g Zucker**
- **15 g Speisestärke**
- **140 g Butter**

Buttercreme ist nicht gleich Buttercreme. Es gibt sie etwa mit Pudding (unsere deutsche Variante) oder Frischkäse, gefärbt, geschmacklich gepimpt oder als Swiss Meringue. Was immer drin ist: Butter. Übrigens mindestens zu 20 Prozent – sonst dürfte sie sich gar nicht Buttercreme nennen.

Den Zucker mit der Speisestärke mischen und mit 3 Esslöffeln Milch glattrühren. Die restliche Milch mit der Sahne und dem Mark der Vanilleschote in einen Topf geben und zum Kochen bringen. Sobald es anfängt zu kochen, die angerührte Stärke hinzugeben und weiterkochen, bis der Pudding andickt. Abgedeckt abkühlen lassen. Die Butter schaumig rühren und den lauwarmen Pudding dazugeben. Beides zusammen verrühren.

TIPP: Nur Geduld. Bei dieser Creme muss die Butter richtig schön schaumig geschlagen werden, bis sie fast ganz weiß geworden ist. Das kann auch schon mal 5 Minuten dauern.

SCHOKO-BUTTERCREME

Eine weitere schokoladige Basiscreme

- **100 g Sahne**
- **200 g Zartbitter,** 70 % Kakao
- **250 g Butter**

Schokolade feinhacken, Sahne aufkochen und über die gehackte Schokolade gießen. Butter schaumig rühren und die lauwarme Schokolademasse unterheben. Und fertig! Schneller geht's nicht, gell?

GANACHE

Lisas Rezept für den Schokoladigsten aller Tortenüberzüge

- **250 g Sahne**
- **400 g Schokolade,** z. B. Zartbitter
- **Likör** nach Geschmack zum Verfeinern

Ganache hat viele Namen: Man kennt sie auch als Pariser Creme, Canache oder Pralinencreme (man benutzt sie auch gern für Pralinenfüllungen). Die Schokolade fein hacken, Sahne aufkochen, über die Schokolade gießen und gut verrühren. Wer's mag, gibt noch einen Schuss Likör dazu. Wichtig: Einen Moment erkalten lassen, bis die Ganache sich gut streichen lässt. Ist sie zu flüssig, läuft sie auf dem Kuchen davon …

TIPP: Um eine Torte mit einem Durchmesser von 28 Zentimetern zu füllen, braucht man etwa 600 g Creme.

MASCARPONE-SAHNE-CREME

Eine schnell gemachte Sahne-Creme, die wie eine Eins steht

30 g	**Honig**
150 g	**Mascarpone**
200 g	**Sahne, geschlagen**
20 g	**Puderzucker**

Wenn es um Sahne-Cremes geht, gehört diese Standardvariante zu meinen absoluten Lieblingen. Sie ist schnell gemacht und standhaft. Weil Mascarpone einen hohen Fettanteil hat, braucht die Creme keine weiteren Standmittel wie etwa Gelatine oder Sahnesteif.

Den Honig erwärmen und die Mascarpone unterrühren. Abkühlen lassen. Die Sahne mit dem Puderzucker steif schlagen. Wenn die Mascarpone kalt ist, die Mascarpone mit der Sahne mischen.

TIPP: Wer mag, rührt noch ein bisschen Vanillemark unter.

BAYRISCH CREME

Eine leckere Creme mit ganz viel G'schmack

4 Blatt	**Gelatine**
1	**Vanilleschote**
300 ml	**Milch**
1 Pr.	**Salz**
4	**Eigelbe**
100 g	**Zucker**
250 g	**Schlagsahne**

Sahne steifschlagen, die Gelatine in kaltem Wasser einweichen. Eigelbe mit dem Zucker erst warm, dann kalt schaumig schlagen (wie bei unserem Biskuit, siehe Seite 258). Die Milch mit der Vanilleschote erwärmen und zusammen mit der Eigelbmasse zur Rose abziehen (siehe Seite 251). Dann die Gelatine in der warmen Masse lösen. Erst dann, wenn die Masse zu gelieren beginnt, die Sahne vorsichtig unterheben. Kühl stellen und fertig.

Beliebt in allen Größen: Genauso gut wie hier als Mini schmeckt Pudding auch in größeren Formen. Eine Vanillesauce (Rezept auf der nächsten Seite) gehört selbstverständlich dazu

SCHOKOPUDDING

Der Klassiker – und vielseitig einsetzbar: pur, dazu, darauf, darunter …

- **1 Vanilleschote**
- **100 g Zartbitterschokolade,** 70 % Kakao
- **200 ml Sahne**
- **300 ml Milch**
- **40 g Speisestärke**
- **100 g Zucker**

Pudding schmeckt nicht nur als Dessert, er ist auch Bestandteil in vielen Rezepten. Und mal unter uns: Das Grundrezept ist so einfach, dass es das Päckchen gar nicht braucht …

Für den Schokopudding die Vanilleschote der Länge nach mit einem Messer halbieren und mit dem Messerrücken das schwarze Vanillemark aus den Hälften herauskratzen. Die Zartbitterschokolade kleinhacken. Die Sahne, die Milch und das Vanillemark in einen Topf geben. Die Speisestärke mit dem Zucker mischen und mit 3 Esslöffel des Sahne-Milch-Gemischs glattrühren. Den Topf mit dem Sahne-Milch-Gemisch zum Kochen bringen, die glattgerührte Speisestärke einrühren und so lange rühren, bis der Pudding andickt. Den Topf vom Herd nehmen, die kleingehackte Schokolade dazugeben und auflösen. Kalt stellen, wenn er fest werden soll. Ansonsten direkt weiterverarbeiten.

VANILLEPUDDING

Die Version in Weiß – und natürlich mit echtem Vanillegeschmack direkt aus der Schote

- **150 ml Milch**
- **150 ml Sahne**
- **1 Vanilleschote**
- **60 g Zucker**
- **30 g Speisestärke**

Den Zucker mit der Speisestärke mischen und mit 3 Esslöffel Milch glattrühren. Die restliche Milch mit der Sahne und dem Mark der Vanilleschote in einen Topf geben und zum Kochen bringen. Sobald es anfängt zu kochen, die angerührte Stärke hinzugeben und unter stetigem Rühren kurz weiterkochen, bis der Pudding andickt. Abgedeckt abkühlen lassen.

SCHOKOLADENSAUCE
HIMBEERSAUCE
VANILLESAUCE
HEIDELBEERSAUCE

VANILLESAUCE

Ob zu Dampfnudeln, Pudding, Wackelpeter oder zum Kuchen – Vanillesauce muss sein!

300 ml Milch
1 Vanilleschote
2 EL Zucker
200 ml Sahne
1 Eigelb
2 TL Speisestärke

Milch, Zucker und das gelöste Vanillemark in einem Topf zum Kochen bringen. Dabei regelmäßig umrühren. Die ausgekratzte Schote könnt Ihr übrigens auch noch mit reingeben. In einer zweiten Schüssel derweil Sahne, Eigelb und Speisestärke gründlich miteinander verrühren. Die Schote wieder aus der Milch geben, das Sahne-Ei-Gemisch in den Topf geben und unter ständigem Rühren nochmals kurz aufkochen. Vanillesauce vom Herd nehmen, umfüllen und kalt stellen.

TIPP: Keine Angst wegen dem Ei und dem Kochen. Bei diesem Zutaten-Verhältnis wird die Sauce nicht grisselig.

SCHOKOLADENSAUCE

Passt nicht nur zu Vanillepudding, sondern gelegentlich auch zum fertigen Kuchen.

300 ml Milch
2 TL Kakaopulver
2 EL Zucker
200 ml Sahne
1 Eigelb
2 TL Speisestärke
25 g Zartbitterschokolade

Die Schokolade fein hacken und beiseitestellen. Milch, Zucker und Kakaopulver in einem Topf zum Kochen bringen. Dabei regelmäßig umrühren. Sahne, Eigelb und Speisestärke gründlich miteinander verrühren. Zur Milch geben und unter ständigem Rühren nochmals kurz aufkochen. Sauce vom Herd nehmen und die gehackte Schokolade in der warmen Soße lösen.

TIPP: Bei der Schokosauce hast Du selbstverständlich die Möglichkeit, mit dem Kakaoanteil und der verwendeten Schokolade zu variieren.

FRUCHTPÜREE

Wer die Frucht hat, hat die Wahl: Frisch oder TK, beides geht. Und welche Sorte magst Du denn?

200 g Frucht
25 g Zucker
1 Spritzer Zitrone

Ideal für Beerenfrüchte wie Erdbeeren, Brom-, Him- oder Blaubeeren. Früchte pürieren, in einen Topf geben, mit dem Zucker kurz aufkochen und einen Spritzer Zitronensaft hinzugeben.

TIPP: Tiefkühlfrüchte gehen genauso gut wie frische Früchte. Du solltest nur bedenken, dass die Sauce mit TK-Früchten etwas flüssiger wird.

Frucht-Guss machen? *2 EL Zucker, 1 EL Stärke und 1 EL Wasser verrühren. 250 ml Fruchtwasser (z. B. von TK-Früchten) aufkochen, Stärkegemisch einrühren, aufkochen, leicht abkühlen lassen und über den Kuchen geben.*

SÜSSE FRÜCHTCHEN

Obst und Kuchen – diese Kombi wurde füreinander geschaffen! Und doch gibt es sicherlich ein paar Dinge zu beachten, damit einem der Kuchen nicht davonläuft, wenn man nach dem Backen die Form löst …

Frisch oder TK? Beides geht, TK-Früchte eignen sich zum Backen teilweise sogar sehr gut. Gerade Him- oder Johannisbeeren, die man idealerweise noch zumindest teilgefroren auf den Teig gibt. Kirschen und Aprikosen lässt man hingegen vorher besser auftauen. Aber spätestens für die Deko sollten es frische Früchte sein. Das sieht einfach leckerer aus.

Was mache ich, wenn das mit den TK-Früchten zu matschig wird?
Man sollte immer bedenken, dass TK-Früchte in der Regel beim Backen mehr Wasser verlieren als frische Beeren. Dagegen kann man zum Beispiel auf den Teig noch etwas Paniermehl oder gebröselten Zwieback geben, was verhindert, dass das Fruchtwasser durchsuppt und der Kuchen am Ende nicht zusammenhält. Oder man lässt die Früchte über einem Sieb abtropfen und wendet sie anschließend in Mehl oder Speisestärke. Auch dieses Vorgehen bindet Fruchtwasser. Und noch ein kleiner Lifehack: Klemmt doch gegen Ende der Backzeit den Stil eines Kochlöffels in die Backofentür. Dann kann die feuchte Luft, die beim Backen entsteht, gut entweichen.

Sollten die Früchte gerade reif oder besser etwas überreif sein? Beides geht, sind die Früchte allerdings zu reif, kann's nach dem Backen auch mal schnell matschig werden. Am besten schmecken die Obstkuchen sicherlich in der jeweiligen Hauptsaison der Früchte. Idealerweise kauft man sein Obst dann dort, wo man es vorher auch schon mal probieren kann. Auf dem Wochenmarkt zum Beispiel oder direkt beim Bauern.

Was mache ich, wenn das Obst zu sauer ist? Bei vielen Obstsorten ist das gar nicht schlecht – bei Äpfeln zum Beispiel. Hier nehme ich gerne von vornherein eher säuerliche Äpfel wie Boskoop. Nicht nur, weil sie beim Backen ihre Form bewahren, sondern auch, weil am Ende mehr Geschmack von ihnen übrig bleibt. Und nachsüßen geht ja immer.

Wie viel Zucker muss eigentlich in den Obstkuchen? Das ist unterschiedlich. Bei Obstkuchen sollte man sich jedenfalls – anders als bei Teigen – nicht immer stoisch an Rezeptvorgaben halten. Ist das Obst zu sauer, nimmt man mehr Zucker. Ist es zu süß, kann man mit etwas Zitronensaft noch dagegenarbeiten.

Mit einem selbst gemachten Spritzbeutel aus Backpapier lassen sich auch kleinste Feinheiten dekorieren (links). Dafür faltet man ein Dreieck aus Backpapier, rollt es zu einem kleinen Beutel zusammen und schneidet dann unten den Zipfel ab. Beim Drip-Effekt darf die Schokolade ausnahmsweise mal über die Ränder laufen (unten)

DEKORIEREN

Das Auge isst ja immer mit. Und so könnt Ihr mit einer ansprechenden Deko Eure Gäste auch schon vor dem ersten Bissen beeindrucken. Wichtig: Die Dekoration sollte auch geschmacklich passen – sofern das verwendete Material überhaupt Eigengeschmack hat. Und: Weniger ist manchmal mehr. Wer zu ausufernd dekoriert, überdeckt ja sein eigentliches Werk ...

Fondant gibt es als Masse oder zum Ausrollen. Beides kann man zum Torteneindecken oder als Überzug verwenden. Es ist allerdings sehr süß, weil es aus purem Zucker besteht. Zum Einfärben eignet sich der flüssige. Fondant darf übrigens nicht zu warm werden und zieht im Kühlschrank Wasser. Also besser an einem kühlen, dunklen Ort lagern.

Spritzen kann man mit Spritzbeuteln. Oder man bastelt sich einfach selbst ein Tütchen aus einem dreieckigen Stück Backpapier. Weil man dabei auch ziemlich kleine Öffnungen reinschnippeln kann, eignet sich letzteres auch, um eine Schrift auf ein Stück Schokolade (wie die Hasenaugen im Bild links) oder auf eine Torte zu bringen. Auch Lollipops lassen sich damit einfacher verzieren. Wichtig: Die Deko-Masse darf weder zu dünn – sonst fließt sie raus – noch zu dick sein. Ansonsten lässt sich das Ganze nicht einfach mit einem leichten Druck auf den prall gefüllten Beutel regulieren.

Drip-Effekt heißt Tropf-Effekt. Das kommt vom Drip Cake, dem tropfenden Kuchen. Dafür nehmt Ihr pure, temperierte Schokolade oder, wenn es schnell gehen muss, den Blitzguss (Rezept auf Seite 248). Für den Drip dann beim fertigen Kuchen mit einem langstieligen Teelöffel die flüssige Schokolade rundherum auf der Kuchen- oder Tortenkante anbringen, sodass sie runterlaufen kann. Die restliche Schokolade auf die Oberfläche gießen und gleichmäßig verstreichen.

Farbe. Ich bin kein Fan von künstlich eingefärbten Lebensmitteln, weil oft der Geschmack darunter leidet. Außer beim Fondant-Ei, da muss der Mittelpunkt einfach orange sein. Und klar, manche Kuchen leben von der Farbe. Doch man kann seine ...

... farbige Schoko-Zucker-Deko auch einfach selbst machen. Oft bleibt Eiweiß übrig, daraus können wir zum Beispiel unsere eigene Zuckerdekoration herstellen. Hier mal zwei farbenfrohe Beispiele, eine mit Pfefferminze und eine mit Erdbeere

2	**Eiweiße**
600 g	**Puderzucker**
2 EL	**Pfefferminzsirup**
2 EL	**Erdbeersirup**
1	**Spritzer Zitronensaft**
100 g	**weiße Schokolade**
100 g	**Zartbitter-Schokolade**

Eine Arbeitsfläche mit Backpapier auslegen. Die Eiweiße mit dem Puderzucker und der Zitrone mit dem Handrührgerät schaumig rühren, bis die Masse stabil wird. Die Masse in zwei Teile teilen, in die eine Hälfte den Erdbeersirup und in die andere Hälfte den Minzsirup rühren. Mit dem Spritzbeutel nacheinander Rosetten auf das Backpapier dressieren. 24 Stunden trocknen lassen.
Beide Schokoladensorten im nächsten Schritt getrennt voneinander temperieren. Dabei zwei Drittel jeweils im Wasserbad lösen. Sobald die 40 Grad überschritten sind, aus dem Wasserbad nehmen, das übrige Drittel dazugeben und gut verrühren. Es sollten am Ende 31 Grad erreicht sein, dann ist die Schokolade perfekt. Die Erdbeerbonbons in weißer Schokolade, die Pfefferminz in Zartbitter bis zur Hälfte absetzen und auf einem Backpapier erkalten lassen.

VON HERZEN MERCI G'SAIT!

MEHR ALS 1000 STUNDEN ARBEIT UND KNAPP EINE MILLION KALORIEN HABEN WIR FÜR DIESES BUCH INVESTIERT. AUF DEN NÄCHSTEN SEITEN STELLEN WIR EUCH MIT STOLZ DIE MENSCHEN VOR, DIE DIESES BUCH ERST MÖGLICH GEMACHT HABEN: UNSER TEAM HINTER DEN KULISSEN!

Warten, bis die nette Tante endlich den Kuchen auf den Teller legt: Bei unserem großen Outdoor-Shooting hatten wir unsere Familien dabei. Hier links Dimitri Dells Frau Valentina mit Sohnemann Dalian. Die nette Tante ist übrigens Ulfs Frau Susanne

Dass wir bei den Shootings auch viel Spaß hatten, beweist der Schnappschuss von Gerhard Volk (rechts außen). So entspannt konnten wir sein, weil wir dieses Buch mit großartigen Menschen produzieren durften, darunter Franny Dreher, die gerade ein Fotomodel verspeist (daneben)

Als Stephan Fuhrer und ich im Herbst 2020 erstmals die Idee eines Backbuchs für die Schwarzwald-Reloaded-Reihe diskutiert haben, waren wir vergleichsweise ahnungslos. Zum Glück! Denn hätten wir uns Hals über Kopf in dieses Abenteuer gestürzt, wenn wir gewusst hätten, auf wie viele verschiedene Weisen man einen Biskuit ruinieren kann, was es an Aufwand braucht, um Torten perfekt in Szene zu setzen, ehe das Scheinwerferlicht die Sahnecreme dahinrafft, wie schwer es wird, Konditoren ihre Rezepte zu entlocken oder dass unsere derben Hobbykoch-Pfoten schon beim Eier-Trennen an ihre Grenzen stoßen? Im Nachhinein schwer zu sagen – aber klar: Je naiver man ist, desto weniger Mut muss man mitbringen …
Dass unser Himmelfahrtskommando ohne Tortenengel Lisa & Co nie geklappt hätte, ist an anderer Stelle im Buch schon betont und mit Worten des Danks ausgarniert worden. Aber auch hinter den Kulissen gibt es einige Menschen, denen wir an dieser Stelle ein herzliches Dankeschön sagen möchten – für viel Fleiß, viel Disziplin, kreative Ideen und harte Arbeit.

Dimitri Dell ist ganz sicher als Erster zu erwähnen. Als Meister des Lichts hat er nahezu alle Bilder für dieses Buch geschossen. Er hat lieferwagenweise Requisiten

geschleppt, hat noch im Juli Puderzucker wie Schnee herniederrieseln lassen, Moodboards entwickelt, in neue Technik investiert und ist von Shooting zu Shooting immer besser geworden. Dass es manchmal bis spät in die Nacht gedauert hat – für ihn kein Problem. Unermüdlich hat er sich reingehängt. Bild für Bild. Aber nicht schnell-schnell, sondern mit ganz viel Liebe zum Detail. Ich hoffe sehr, dass die vielen kleinen Besonderheiten seiner Bilder auch im Druck gut rauskommen und Euch da draußen genauso viel Appetit machen wie uns.

Jana Vuckovic ist gleich nach Dimitri zu nennen. Sie ist eine der ganz jungen, talentierten Mediengestalterinnen bei uns im Verlag und hat als erste große Aufgabe die Projektleitung für die grafische Produktion dieses Buchs übernommen. Was nach viel Lametta auf der Schulter klingt, ist gleichzeitig einfach ein riesiger Berg Organisations- und Fleißarbeit. Termine abstimmen, die Rezeptauswahl im Blick behalten, alle Beteiligten koordinieren, dazu das Layout der Rezepte und Reportagen: All das ist ihr Werk. Dass wir sie damit in einem ziemlich hohen Bogen in kaltes Wasser geworfen haben: stimmt. Aber zur Wahrheit, liebe Jana, gehört eben auch, dass Du so unfassbar schnell und gut schwimmen gelernt hast und wir stets wussten, dass es an deiner Seite mit Kristina Fischer, Stefan „Hilbi" Hilberer und Andrea von Au und all den anderen viele tolle Kollegen gibt, die einem im Notfall unter die Arme greifen und weiterhelfen. Von daher: Sei stolz auf Dein erstes Buch und das, was Du geschaffen hast. Es ist großartig geworden!

Meinen Verlagsleiter **Stephan Fuhrer** möchte ich an der Stelle auch erwähnen. Er hat (mal wieder) großartige Reportagen geschrieben, souverän Fototermine geleitet und die Backschule in Form gebracht, wofür er die enzyklopädische Hälfte von Lisas Gehirn angezapft hat. Alles, was man wissen muss, um in der Welt der Kuchen, Torten und Bredle so ziemlich alles gebacken zu bekommen: Schon ein kleines Kunststück, das alles auf 32 Seiten unterhaltsam unterzubekommen.

Mit vollem Einsatz dabei:
Kristina Fischer,
Andrea von Au und
Thomas Glanzmann
(von oben nach unten)

Ein großes Dankeschön geht an **Art Director Kristina Fischer** und ihre phänomenal gute Crew mit **Andrea von Au** und **Josef „Joe" Appenzeller**, **Franziska Dreher** und **Stefan Hilberer**, **Sophia von Hirschhausen** und **Jasmin Fehninger**. Als es im Sommer ein bisschen eng wurde (ja, ich weiß: das ist die Untertreibung des Jahres) hat die Mannschaft geschlossen Vollgas gegeben. Abends, am Wochenende oder wann auch immer Ihr gebraucht wurdet: Ihr wart da! Danke für Euren Einsatz! Vor allem Du, Tina, bist einfach irre engagiert. Danke für den Einsatz, die Überstunden und die unfassbare Disziplin, in Sachen Reinzeichnung Tag um Tag ganz genau hinzuschauen.

Aus der Redaktion haben sich **Thomas Glanzmann**, **Barbara Garms**, **Imke Rosebrock**, **Christine van Herk**, **Pascal Cames** und **Dr. Michael Sellhoff** um dieses Buch besonders verdient gemacht. Gemeinsam haben wir Rezepte bearbeitet, Reportagen geschrieben und an Kleinigkeiten gefeilt, damit beispielsweise die Mengenangaben überall im Buch einheitlich sind. Gleichzeitig habt Ihr es geschafft, dass die dritte Ausgabe von Schwarzwald Reloaded eben nicht nur ein Backbuch ist – sondern auch zu einer tollen kulinarischen Reise durch die schönste Region Deutschlands einlädt. Spannend und kenntnisreich, faszinierend und fasziniert: tolle Arbeit!
Ein großer Dank an meinen Freund **Gerhard Volk** fürs Outdoor-Backen in den Weinbergen, an **Francesco d'Agostino**, der bereits das vierte Buch mit uns produziert, und an mein großartiges Team in Sachen Vertrieb und Marketing mit **Theresa Stehle** und **Melissa Stader**, **Philipp Wallington** und **Christian Kreft**.

Last not least: Danke an **Susanne Tietge**! Du bist eben nicht nur meine bessere Hälfte und eine unschlagbare Koryphäe in Sachen Bildbearbeitung, sondern auch immer wieder Rückhalt, Ansprechpartner und Mental-Coach, wenn es mal nicht so rund läuft. Danke, dass es Dich gibt und Du mich so unterstützt. Ich liebe Dich.

Ulf Tietge

Starke Truppe im Einsatz: Fotograf Dimitri Dell (von links, mal nicht selbst der Fotograf) mit Lisa Rudiger und Ulf Tietge. Links auf dem roten Sofa ist Stephan Fuhrer zu sehen (hier als Lichtmodel, der guckt nicht immer so komisch), daneben Jana „das Wölfchen" Vuckovic, die als Projektleiterin mit ihren erst 24 Jahren schon einen unfassbar guten Job gemacht hat

INDEX

INDEX

IMPRESSUM

Lisa Rudiger · Ulf Tietge

SCHWARZWALD RELOADED 3

Kuchen, Torten und Plätzle für das ganze Jahr

HERAUSGEBER Ulf Tietge

1. Auflage · Oktober 2021

ISBN 978-3-949346-01-9

PROJEKTLEITUNG Jana Vuckovic

REDAKTION Stephan Fuhrer, Pascal Cames, Ulf Tietge, Barbara Garms Thomas Glanzmann, Karen Heckers

LEKTORAT Dr. Michael Sellhoff

GESTALTUNG Jana Vuckovic, Kristina Fischer, Stefan Hilberer, Susanne Tietge

FOTOGRAFIE Dimitri Dell

DRUCK Optimal Media GmbH, Glienholzweg 7, 17207 Röbel/Müritz

Inspiriert von #heimat – der Genussbotschafter für den Schwarzwald

Bildcredits: Dimitri Dell, Jigal Fichtner, Michael Bode, Stephanie Fihn, www.stock.adobe.com/JenkoAtaman, julialototskaya, nsc_photography